本书为中国博士后科学基金第60批面上资助项目（2016M600959）的阶段性成果

由江苏大学专著出版基金资助出版

江苏大学五棵松文化丛书

二语
语用能力研究

李民 肖雁 ◎ 著

中国社会科学出版社

图书在版编目（CIP）数据

二语语用能力研究／李民，肖雁著 . —北京：中国社会科学出版社，
2017. 10

ISBN 978 - 7 - 5203 - 1960 - 7

Ⅰ . ①二… Ⅱ . ①李…②肖… Ⅲ . ①第二语言—语用学—研究

Ⅳ . ①H003

中国版本图书馆 CIP 数据核字（2018）第 004827 号

出 版 人	赵剑英
责任编辑	张　林
特约编辑	闫纪琳铖
责任校对	赵雪姣
责任印制	戴　宽

出　　　版	中国社会科学出版社
社　　　址	北京鼓楼西大街甲 158 号
邮　　　编	100720
网　　　址	http://www.csspw.cn
发 行 部	010 - 84083685
门 市 部	010 - 84029450
经　　　销	新华书店及其他书店

印　　　刷	北京明恒达印务有限公司
装　　　订	廊坊市广阳区广增装订厂
版　　　次	2017 年 10 月第 1 版
印　　　次	2017 年 10 月第 1 次印刷

开　　　本	710×1000　1/16
印　　　张	13
插　　　页	2
字　　　数	203 千字
定　　　价	59.00 元

目　　录

前　言

时光荏苒！自 2002 年进入南京大学外国语学院师从陈新仁教授研习语用学以来，已走过整整十五载！

这 15 年间，发生了很多事情：从学业看，2005 年我取得了硕士学位，2010 年取得了博士学位，2016 年又开始从事博士后研究；从职称看，2005 年我是助教，2009 年成为讲师，2013 年晋升为副教授；从工作单位看，2005 年我进入青岛科技大学外国语学院英语系从事专业教学工作，2007 年因考博而被迫离职，2008 年幸得江苏大学外国语学院陈红院长“收留”，与夫人一起调入江苏大学外国语学院工作。2016 年起，常往返于北京、镇江之间，大部分时间在北京外国语大学从事博士后研究，此间还需回江苏大学教授研究生的语用学、语料库语言学、二语习得、应用语言学等课程。可以说，过去的 15 年，“动”是常态！

尽管这 15 年中生活多有变动，但有两件事一直未变：一是南京大学陈新仁教授对我的指导；二是我对语用能力研究的执着。首先，若非授业恩师陈新仁教授的倾心指导，我根本不可能在语用能力研究的道路上坚持下来。2002 年，陈新仁教授引领我进入语用学研究领域，2004 年他鼓励我从事语用能力研究，以此为题目的硕士毕业论文也于 2007 年在业界权威期刊《外语教学与研究》发表。同年，陈新仁教授再次招我进门，允我攻读博士学位，经恩师全力指导，2010 年如期毕业。以博士论文为蓝本，我在此后的三年中先后在《外国语》《现代外语》《外语教学》等期刊发表相关论文数篇。所有这些，都离不开陈新仁教授的指导、提携与帮助。其次，尽管十余年来有很多新学科兴起，但我一直坚持在语用能力研究这条道路上前行。我本科没有接受任何科研训练，但在硕士和博士阶段，南京大学浓厚的科研氛围以及各位老师深厚的科研素养对我影响深远。在硕士阶段，我啃过生成句法，读过功能语言学，还参加过语料库的相关创建及研究工作，也经历过十几年前国内语言学界对认知语言学的"狂热"，但摸索了一圈，还是感觉语用学特别是语用能力研究最契合自我，于是就有了此后十余年自己"老牛拉破车"式的缓慢前行。因此又可以说，过去的15年，"恒"是主线！

这15年，在各位师长、同人的指导和帮助下，我在《外语教学与研究》《现代外语》《外国语》《外语教学》《外语教学理论与实践》等刊物上陆续发表了一些小文。这些研究尽管题目各异，但总体来看，均在语际语用学研究范畴内展开，且与二语语用能力发展有关。自2016年进入教育部人文社会科学重点研究基地北京外国语大学中国外语与教育研究中心以来，我师从著名外语专家王文斌教授，主要从事具有中国特色的外语教育理论体系创建工作。博士后的经历，使我愈发认识到语用能力研究的重要性，也使我意识到自己之前所从事的二语语用能力研究，一直缺乏顶层设计与系统架构，尚未将理论思考与实证考察有机结合，更没有尝试呈现二语语用能力研究的宏观图景，不利于二语语用能力研究的长期发展。因此，我萌生了出版一本理论与实践相结合、聚焦于二语语用能力培养与研究专著的想法。此即为本书最初的写作动机。因此，我利用在北京外国语大学脱产专职从事博士后研究的机会，统筹规划，并与我的同事、江苏大学外国语学院肖雁老师一起，在已经发表的与二语语用能力紧密相关的论文的基础上，增加了部分章节，强化了各议题之间的逻辑勾连，从理论思考和实证考察两大层面，解析二语语用能力这一议题，于是就有了本书现在的形态。

本书能得以成稿，主要得益于我在南京大学六年的硕、博读书生涯。在此，我要感谢南京大学外国语学院各位老师向我传授的语用学、二语习得、语料库语言学等学科知识。我还要感谢北京外国语大学中国外语与教育研究中心主任王文斌教授给予我的科研训练，王教授宽广的研究视野、夯实的语言研究素养、深厚的外语教育情怀、严谨的科研作风以及对晚辈后学的谆谆教导，无时无刻不激励我在外语教育研究的道路上毅然前行。

人们常说，读博士苦，做博士后更苦。但我并没有感觉到乏味与苦楚。我想，这与各位前辈、同人的理解、支持和帮助是分不开的。多年来，南京大学的陈新仁教授、丁言仁教授、王海啸教授、陈桦教授、徐昉教授等一直关心我的成长，北京外国语大学的王文斌教授、文秋芳教授、韩宝成教授、许家金教授等经常为我解惑答疑。江苏大学外国语学院的陈红院长、苏建红副院长、李崇月副院长、刘洪兰主任，以及江苏大学文学院的任晓霏院长、海外学院的蔡朝辉副院长等，都勉励我在科研的道路上坚持前行。我的父母，年近古稀，却坚持生活在山东农村而不肯搬到镇江，就怕给我添半点儿麻烦。我还要感谢我的妻子。我俩相识已近 20 年，她安于清贫，从不鼓励我外出代课挣钱，而是支持我潜心科研，寻求专业发展。而她，则承担起了照顾家庭的重担。照顾女儿，也几乎由她一人承担。我所亏欠的，恐永难偿还。此外，感谢我的硕士研究生黄媛婷同学，酷暑中协助我校对本书初稿，避免了不少谬误。最后，非常感谢中国社会科学出版社的张林女士，是她的支持与帮助使本书得以最终出版。

本书的出版，得益于江苏大学对学科建设的重视。因地理位置等原因，江苏大学的发展面临一定的困难。即便如此，江苏大学在全国高校的排名，从我 2008 年进校时的第 80 位左右，到 2016 年已跃升至第 41 位，是非 211 院校中排名最靠前的高校，也实现了从教学研究型到研究型大学的历史转变。我校的外语学科建设，也获得了外语教学与研究界同人的认可。我并非迷信排名，但排名的提升起码体现了学科实力的整体提升，也说明江苏大学有完善的科研制度与政策和一大批潜心科研的研究人员。愿江苏大学越来越好！

李　民

2017 年 4 月 10 日

于京口

第 1 章

导　　言

本章在讨论语用学的缘起、主要流派及研究分支的基础上，阐述语用能力研究在语用学研究中的重要地位，并勾勒出各章节之间的逻辑关系，汇报本书架构。

1.1　语用学的缘起

语用学（Pragmatics）是语言学的重要分支，也是一个相对较新的研究领域。语用学最早被认为是语义学的"杂物箱"（ragbag）或"废纸篓"（waster-paper basket），用于盛放语义学容纳不下、无法解决的研究内容（Bar-Hillel，1971；Levinson，1983）。因此，尽管学界对语用学的界定尚未达成共识，但下面几种观点比较具有代表性：

- 语用学是一门研究说话人意义的学问（Yule，1996：3）；
- 语用学是一门研究人们如何使用语言来实现成功交际的学问（Kempson，1977：84）；
- 语用学是一门研究听话人如何获取言外之意的学问（Yule，1996：3）；
- 语用学是一门研究听话人如何理解说话人刻意表达的言语行为的学问（Green，1996：2）；
- 语用学是一门研究语境意义的学问（Yule，1996：3）；
- 语用学是一门研究语言使用者如何在适切的语境下灵活地遣词造句的学问（Levinson，1983：24）；

● 语用学是一门研究人类生活中语言的认知、社会和文化功能的学问（Verschueren，1999：14）。

从这些定义可以看出，从使用者的角度来看，语用学的研究对象既包括说话人，也包括听话人；从话语的使用过程来看，语用学既研究话语产出，也探析话语理解。因此，可将语用学简单定义为一门研究特定语境中特定话语，尤其是特定语境中特定话语的理解和使用的学问（何自然，1988，1997）。

作为术语，语用学最早出现在 1938 年 Charles Morris 所著的《符号理论基础》（*Foundations of the Theory of Signs*）一书中。Morris 认为，符号学（Semiotics）由句法学（Syntax）、语义学（Semantics）和语用学三部分构成。其中，句法学关注的是语言符号之间的关系；语义学关注的是符号与其指称对象的关系；语用学关注的是语言符号与其使用者之间的关系（Morris，1938）。

尽管语用学这一术语在 1938 年就已出现，但直到 20 世纪 70 年代末、80 年代初，语用学才发展成一门独立的学科，其标志有三：一是 1977 年《语用学学刊》（*Journal of Pragmatics*）在荷兰的创刊；二是 1983 年第一本语用学教材《语用学》（*Pragmatics*）的出版；三是 1986 年国际语用学研究会（The International Pragmatics Associations，简称 IPrA）在比利时的成立。经过 30 多年的发展，语用学在国内外发展迅猛，经典议题不断深化，新兴理论不断涌现，研究方法不断革新，研究领域也不断得到拓展。

语用学的产生，主要源于日常语言学派（Ordinary Language Philosophy）的崛起及对 Noam Chomsky 生成语法理论的不满。首先，语用学的产生主要源于日常语言学派的崛起。以 Ludwig Wittgenstein、John Austin、Herbert P. Grice、Peter Strawson 等人为代表的日常语言学派，认为日常语言并非像 Bertrand Russell、Gottlob Frege 等逻辑实证主义者所标称的那样不够精确。语言之所以被误认为不够精确，主要是因为我们缺乏对语言展开分析的科学方法。因此，日常语言学派强调对日常生活中的语言进行条分缕析。其中，Wittgenstein 认为词的意义在于其用法而非其所指，词在其语境中才有意义等主张，对语用学的创立具有重要推动作用。此后，Austin 的言语行为理论、Grice 的合作原则等，都成为语用学的经典理论。其次，语言研究者对 Chomsky 生成句法理论的不满，在事实上也促成了语用学的发展。Chomsky 主张语言是一套抽象的符号系统，语言研究的核心要务是对句法结构展开分析，注重揭示普遍的句法规则。但对这些语法规则的描述，难以充分描述语言的实际运行机制，对语言使用（performance）的关注不足。因此，John Ross、George Lakoff 等人开始注重结合语境和语言使用者解释语言现象，从而助推了语用学的快速发展（陈新仁等，2013：8）。

语用学的快速发展，主要得益于其自身比较丰富的研究议题及其跨学科的多维属性。首先，语用学自身议题比较丰富。从传统来看，语用学缘起于对语言的哲学思考，由此衍生出指示语、预设、含意、言语行为等经典议题。但对这些问题的讨论，又离不开对社会语境因素的解析，因此又进一步衍生出合作原则、面子理论、礼貌原则等核心议题。人们对语言现象的加工与处理，还离不开认知的参与，于是产生了关联理论这一新兴议题。此外，语用学还包括语境、语用模糊、会话分析、模因等议题。其次，语用学的跨学科属性也有助于其研究疆域的拓展。如果采用 Verschueren（1999）的语用综观论，则语用学可被视为一门关于语言使用的学问，而"社会生活的任何一个角落、任何一个时刻都离不开语言使用"（陈新仁等，2013：ix），因此，语用学与语音学、音系学、形态学、句法学、语义学、认知语言学、社会语言学、互动语言学、二语习得、外语教学等皆可形成交叉研究，已然形成了"一块蔚为大观的语言学版图"（陈新仁等，2013：ix）。

1.2　语用学的主要研究流派

（1）分相论与综观论

对于语用学在语言学中的学科地位，存在两种不同的观点，一种为分相论（The Component View），另一种为综观论（The Perspective View）。

分相论认为，语用学与语音学、音系学、形态学、句法学、语义学等学科一起，属于语言学的有机组成部分，这也是学界普遍接受的一种看法。分相论视角下的语用学研究比较传统，主要包括指示语、预设、会话含意、言语行为、会话分析等经典议题。

综观论是一种相对比较新颖、尚未被学界普遍接受的观点，其提出者是国际语用学研究会秘书长、比利时安特卫普大学 Jef Verschueren 教授。综观论认为语用学研究是一种分析视角，其本身并没有独立的分析单元，语用学理论可对语音、音系、形态、句法等各维度的语言现象展开分析。综观论认为，语言具有变异性、商讨性和顺应性等特质，语言使用的过程实际上是一个动态顺应的过程，主要体现在语境关系顺应、语言结构顺应、顺应的动态性和顺应过程的意识凸显程度四个维度。综观论目前尚未被学界广泛接受，但其影响（特别是在欧洲）正在日益扩大。

（2）英美学派与欧洲大陆学派

从研究取向看，语用学研究可分为英美学派（The Anglo-American School）与欧洲大陆学派（The Continental School）两大流派。

英美学派主张语用学的传统研究，着重分析语言结构使用的语用意义，对语用学的研究范围有比较清晰的界定，主要包括指示语、会话含意、前提、言语行为等传统议题。因这些学者主要集中在英国、美国等国家，因此被称为英美学派，主要包括 John Austin、John Searle、Geoffrey Leech、Stephen Levinson 等学者。

欧洲大陆学派强调社会、文化、政治、经济、认知、心理等因素对语言使用的影响。可以说，欧洲大陆学派认为，"凡与语言的理解和使用有关的都是语用学的研究对象"（何自然，1988：9）。该学派主要包括 Jacob Mey、Jenny Thomas、Jef Verschueren 等学者。

1.3　语用学的主要研究分支

自 1983 年 Stephen Levinson 出版《语用学》（*Pragmatics*）和 Geoffrey Leech 出版《语用学原则》（*Principles of Pragmatics*）以来，语用学对语境、言语行为、会话含意、合作原则等传统议题的探讨持续深化，认知语用学、语际语用学、网络语用学等新兴议题不断涌现，语用学研究无论从深度还是广度上都获得了较大发展，衍生出语用语言学（Pragmalinguistics）、社交语用学（Sociopragmatics）、认知语用学（Cognitive Pragmatics）、跨文化语用学（Cross-cultural Pragmatics）、语际语用学（Interlanguage Pragmatics）等分支学科。

（1）语用语言学

Leech（1983）将语用学分为语用语言学和社交语用学两大类。其中，语用语言学主要探讨语言结构的语用特征，分析词汇、句子等语言结构形式的语用属性及其所体现或执行的语用功能（陈新仁等，2013）。例如，对恭维这一表情类言语行为语言实现方式的讨论，就属于语用语言学的研究范畴。此外，对话语标记语 well、I mean、you know 等语用功能的描述与分析，也属于语用语言学的研究范围。整体来看，指示语、语用预设、会话含意、言语行为等议题，大多可归入语用语言学研究。语用语言学，又可被称作微观语用学（Micropragmatics）。

（2）社交语用学

社交语用学主要讨论社交权势、社会距离、交际场合的正式程度、年龄、职业、性别、种族等社交因素对语言使用的影响，着重讨论某一特定社交语境对语用行为产生的影响（何自然，1997）。面子理论、合作原则等可归入社交语用学的研究范畴。从这个维度看，社交语用学又可被称作宏观语用学（Macropragmatics）。例如，乘坐出租车去机场时，是使用"Airport, please!"还是"Could you possibly take me to the airport?"，就属于社交语用学的研究范畴。

（3）认知语用学

认知语用学是一个非常宽泛的研究领域，关注的是"语言交际的认知维度，分析和阐释话语的理解过程、机制、参与因素、影响因素等"（陈新仁等，2013：14）。认知语用学的兴起，主要与 Sperber 和 Wilson 提出的关联理论（Relevance Theory）有关。根据关联理论，人们之所以能够成功地进行言语交际，获取对方的交际意图，其主要原因在于交际是一个认知过程，是一个说话人明示自己的意图、听话人推理这一意图的过程。对说话人而言，交际是一个明示的过程，说话人需明示自己的话语意图，使自己的话语与当前语境有关。对听话人来说，交际是一个推理的过程，听话人需通过说话人所产出的话语，结合语境因素，推理说话人的交际意图。因此，从关联理论的角度来看，交际是一种明示—推理的过程。认知语用学对语境动态性的阐释，突破了将语境限制在百科知识或背景知识的静态维度，具有较大的创新意义。此外，认知语用学中关于最佳关联、处理努力和交际效果等因素的论述，对话语标记语、诗歌等也具有较强的解释力。

（4）跨文化语用学

跨文化语用学主要讨论人们使用二语或者外语进行交际时所出现的语用问题。随着全球化的迅猛发展，不同文化之间人们的交际越来越频繁，这就不可避免地涉及跨文化语用问题。比如，美国人到中国人家里做客，客人走时，中国人习惯性地说：Give me a call when you get home。从跨文化交际的角度来看，中国人所产出的话语遵循的是汉语的交际规则，与英美等国家常规形态下的交际原则不符，因而犯了跨文化语用方面的错误。从分析维度来看，跨文化语用学含涉言语行为研究、社交—文化语用研究和对比语用研究等层面。有人认为，跨文化语用学还应包括语际语用研究（或称"语际语用学"），但也有人认为语际语用学是跨文化语用学的并列学科，而非辖属学科。本书采用后一观点，将语际语用学作为单独的学科进行考察。

（5）语际语用学

语际语用学主要讨论二语学习者语用能力的发展问题，属于语用学与二语习得的交叉学科，着重讨论"人们在特定语境场合下如何产生和理解第二语言的言语行为，研究第二语言操作者在习得和使用第二语言时的语际语或中介语的行为模式"（何自然、冉永平，2009：26）。语际语用学研究主要集中在以下八方面（陈新仁，2006：D9 - 10）：

- 目的语交际中的语用理解问题；
- 如何使用目的语实施特定的言语行为；
- 第二语言语用能力的发展问题；
- 在理解、表达和习得第二语言语用知识过程中的母语语用知识的迁移问题；
- 来自母语语用迁移的交际效果调查；
- 语际语言使用与研究中的语用标准；
- 语际语言使用特征形成和发展与教学的关系；
- 语际语用学研究的方法论问题。

（6）其他领域

除上述分支学科外，语用学还包括形式语用学、逻辑语用学、文学语用学、病理语用学、网络语用学、教学语用学等学科。鉴于研究重点，本书在此不展开讨论，详情可参考何自然、冉永平（2009：21 - 29）、陈新仁等（2013）的研究成果。

1.4　语用能力在语用学研究中的地位

本书中的语用能力（Pragmatic Competence），是指二语或外语学习者产出和理解符合目的语社交文化规范的适切话语的能力。其重要性在于，语用能力是交际能力的重要组成部分，是二语或外语学习的重要目标。如果学习者的话语中包含语法错误，他最多被认为是"说得不好"，是语言能力问题；而如果他没有遵循目的语的社交文化规范，犯了语用失误，则往往被认为是"表现不好"，是素质问题（Thomas，1983）。因此，国内外的二语和外语教学，都将培养学生的语用能力作为重要目标。

从学科归属来看，语用能力是语际语用学最为核心的研究议题，而语际语用学又是语用学与二语习得的交叉学科。这也就意味着，从事语用能力研究的人，需要具备语用学和二语习得两方面的知识。而在传统的学科体系中，语用学属于理论语言学，二语习得则被视作应用语言学，愿意从事交叉学科研究、具备两个学科知识的研究人员相对较少。此外，二语或外语教学中一直注重培养学生的听说读写等具体技能，关注语音、词汇、句法等层面的教学，语用学知识尚未引起教学领域的充分重视。因此，语用能力研究的跨学科属性以及外语教学的传统，都使语用能力尚未引起外语教学与研究界的充分重视（刘绍忠，1997）。鉴于此，本书以语用能力为切入点，从理论思考和实证考察两方面，论述我国大学生的二语语用能力发展问题。

1.5　本书的架构

本书共分 13 章。本章为导言，简要考察了语用学的缘起、语用学的主要研究流派与主要分支学科，并阐明语用能力研究在整个语用学研究中的重要地位。

第 2—6 章为理论思考部分。其中，第 2 章借用 CiteSpace 软件，采用文献计量学的方法，从发文、被引、学派聚类、研究热点与趋势等维度，对 2006—2015 年间发表在国外 SSCI 和 A&HCI 期刊上的语用学论文进行分析，明确语用能力研究在国外语用学研究中的重要地位。第 3 章采用同样的研究方法，对 1980—2015 年间发表在国内外语类核心刊物上的语用学研究进行梳理，点明语用能力研究在国内语用学研究中的重要地位。第 4 章主要讨论语用能力的分析维度问题。第 5 章主要讨论在英语成为国际通用语的背景下，语用失误的判定问题。第 6 章采用文献计量学的方法，对比分析了国内外语用能力的研究现状。

第 7—13 章为实证考察部分。具体来看，第 7 章主要讨论课堂语用知识输入与语用能力发展之间的关系问题，思考语用教学的有效性。第 8 章通过问卷调查的方式，考察二语学习者语法、语用意识程度及其能力发展之间的关系问题。第 9 章则主要论述性格这一变量对语用、语法意识程度及其能力发展的影响。第 10 章和第 11 章分别考察二语学习者对话语标记语 WELL 以及对因果、转折、例释类逻辑联系语的习得情况。第 12 章主要考察二语学习者对口笔语语体的习得情况。第 13 章主要讨论二语学术语篇中语用能力的发展问题。

第 2 章

国际语用学研究热点与
趋势分析

本章借助 CiteSpace 这一文献计量软件，从发文、被引、学派和研究热点与趋势四个维度，对 2006—2015 年国际核心期刊中的语用学论文进行梳理、归纳与总结，明确语用能力研究在国际语用学研究中的重要地位。

2.1 引言

语用学是一门探究语言符号与其使用者之间关系的学问（Morris，1938），其历史可追溯至 20 世纪 30 年代 Morris、Carnap、Peirce 等学者的研究（冉永平，2005）。但作为一个学科，语用学正式确立于 20 世纪 70 年代末、80 年代初（何自然、冉永平，2002；冉永平，2005），以《语用学学刊》（*Journal of Pragmatics*）（1977）创刊、Stephen Levinson 编纂的第一部语用学教材《语用学》（*Pragmatics*）（1983）出版以及国际语用学学会（The International Pragmatics Association）的成立（1986）为主要标志（胡壮麟，1980；严辰松、高航，2005），之后闪电式发展，现已成为语言学研究的核心分支之一（Mey，1993：F38；陈新仁等，2013：3）。作为语言学研究的重要组成部分，语用学不仅是语言学和语言哲学的研究热点，而且也已引起了人类学家、认知学家、符号学家以及人工智能研究者的关注（Huang，2007：1），其理论和应用价值日益凸显。语用学研究无论在美国还是欧洲均有较长的研究历史，且发展势头迅猛，潜力巨大。2012 年美国语用学学会（The American Pragmatics Association）的成立，昭示着语用学在美国取得了广泛认可，打破了美国以 Chomsky 句法研究为主流的学术研究传统，是语用学研究蓬勃发展的又一力证。

　　但进入 21 世纪以来，特别是随着认知语言学、语料库语言学、二语习得等学科的兴起与快速发展，语用学研究在我国也面临着一些发展性危机。有人怀疑：语用学是不是一门独立的研究学科？语用学与社会语言学、人类语言学等学科有何差异？语用学研究有无符合逻辑的研究议题体系？这些问题不仅仅困扰着我国语用学研究者（特别是年轻语用学研究者），也成为部分学者"攻击"或"批判"语用学研究的"武器"。一旦面临学科性信任危机，语用学的后续发展便会堪忧，也会出现更多的语用学研究者转向其他学科研究的尴尬状况。因此，及时对国内外的语用学研究及其发展脉络予以耙梳，不仅有利于加深我们对语用学研究现状的认识、把握学界发展动态，而且有利于提取语用学研究的核心议题，从而进一步剖析各研究议题之间的内在逻辑关系，明确学科范畴与研究内涵，廓清语用学的研究边界，从而有效推动语用学研究系统、有序、快速、深入发展。

　　对语用学的学科发展进行耙梳是一个庞大议题，难以在一篇文章中完全厘清。本章以 2006—2015 年发表在 SSCI 和 A&HCI[①] 的论文为对象，析解当下国际语用学研究的发文（含作者、机构和国家）、引用（含被引作者、文献和刊物）、研究议题等情况，并尝试勾勒这十年间的语用学研究国际脉络，生成当下语用学研究的学派图景，提取语用学研究的核心议题，具化研究内涵，明晰研究边界，为语用学学科建设提供参考。具体来看，本章旨在解决以下四个研究问题：

　　（1）2006—2015 年国际核心期刊发表的语用学论文的作者、机构和国家有何特点？

　　（2）2006—2015 年国际核心期刊发表的语用学论文中共被引作者、文献和刊物有何特点？

---

　　① 为叙述方便，本章将 SSCI 和 A&HCI 检索的期刊称为"国际核心期刊"。

（3）2006—2015 年国际核心期刊发表的语用学论文呈现何种学派特点？

（4）2006—2015 年国际核心期刊发表的语用学论文在议题方面有何特点与趋势？

为回答上述问题，本章在选取语料时遵循以下原则：语料源于 Web of Science 的核心合集（Core Collection），并将之进一步限定在 SSCI 和 A&HCI 检索期刊；检索条件是在"题目（title）"或"主题（topic）"中含有"语用（pragmatic）"；限于研究条件和时间，本章将时间跨度定为 2006—2015 年；研究类别限于"语言学（linguistics）""语言语言学（language linguistics）"和"教育研究（education educational research）"①；文献类型限于"研究论文（article）"，不含书评、会议手册、图书章节等；语言限定为"英语"。数据检索于 2016 年 7 月，在数据收集过程中对明显不是语用学研究的条目进行了人工剔除，最终共生成有效数据 2671 条。

2.2　发文情况分析

2.2.1　总发文量情况

总发文量显示了某一研究领域的成熟程度与活力，是学科发展的有效指标之一。统计显示（图 2 - 1），国际核心期刊中发表的语用学论文整体增长趋势非常明显，具体包括以下几点：（1）从 2006—2015 年总发文量增长了 1.5 倍（从 144 篇激增至 354 篇）；（2）除 2014 年小幅下降外，十年间的总发文量逐年上升，且增幅明显；（3）增长比较快的年份有 2008 年（40 篇）、2010 年（61 篇）、2011 年（51 篇）和 2015 年（42 篇）。

---

① 鉴于语用学的日常语言学派这一哲学传统，语用学的部分议题亦可能出现在"哲学（philosophy）"类别中。但"pragmatic"这一检索词不易与表示"实用主义（pragmatism）"含义的"pragmatic"区分，故"哲学"类别未计入统计。

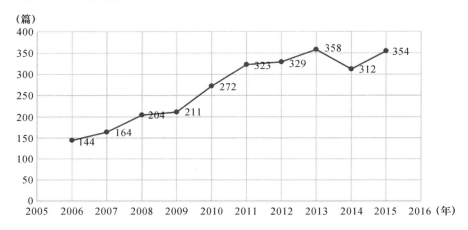

图 2 - 1   2006—2015 年国际核心期刊中发表语用学论文数量情况

从刊物的角度分析（表 2 - 1），2006—2015 年这十年间的语用学论文主要发表在 *Journal of Pragmatics*（470 篇）、*Intercultural Pragmatics*（88 篇）、*Journal of Historical Pragmatics*（48 篇）等刊物中。从刊物特点看，这十本刊物除 *Journal of Pragmatics* 涉及语用学各研究议题外，其他多从社会文化（如 *Intercultural Pragmatics*、*Journal of Politeness Research*）、历史（如 *Journal of Historical Pragmatics*）、语用能力发展（如 *Journal of Child Language*）、神经或认知（如 *Journal of Neurolinguistics*、*Journal of Memory and Language*）、临床（如 *International Journal of Language & Communication Disorders*、*Clinical Linguistics & Phonetics*）等维度对语用能力展开研究。

表 2 - 1   2006—2015 年国际核心期刊语用学论文发文量情况

排名	刊物名称	发文量（篇）
1	*Journal of Pragmatics*	470
2	*Intercultural Pragmatics*	88
3	*Journal of Historical Pragmatics*	48
4	*International Journal of Language & Communication Disorders*	38
5	*Journal of Child Language*	37
6	*Journal of Politeness Research-Language Behaviour Culture*	26
7	*Argumentation*	24

续表

排名	刊物名称	发文量（篇）
8	*Journal of Memory and Language*	19
9	*Clinical Linguistics &Phonetics*	18
10	*Journal of Neurolinguistics*	18

2.2.2　作者发文量情况

从总量来看（表 2 - 2），2006—2015 年发文比较多的国际作者主要
有澳大利亚格里菲斯大学教授、现《语用学学刊》主编 Michael Haugh 博
士、美国卡内基梅隆大学副教授 Naoko Taguchi 博士、意大利墨西拿大学
Alessandro Capone 博士、英国哈德斯菲尔德大学教授 Dániel Z. Kádár 博
士、英国曼彻斯特大学心理科学学院高级讲师 Catherine Adams 博士等。
其中，我国台湾地区国立中山大学外国语文学系曾銘裕（Ming-Yu Tseng）
教授在这十年间的发文总量进入世界前十，在语用学与语篇分析方面成
绩突出。此外，我国台湾地区国立政治大学外国语文学系黄瓊之（Chiu-
ng-chih Huang）教授的发文总量也进入世界前二十。

表 2 - 2　　　　　　2006—2015 年国际核心期刊作者发文量情况

作者	发文量（篇）	作者	发文量（篇）
Michael Haugh	19	Bruno G. Bara	7
Naoko Taguchi	14	Francesca M. Bosco	7
Alessandro Capone	12	Napoleon Katsos	7
Dániel Z. Kádár	9	Pilar Prieto	6
Catherine Adams	9	Manuel P. Cruz	6
Rémi A. van Compernolle	8	Eeva Leinonen	5
Carsten Roever	8	Jenny Freed	5
Kathleen Bardovi-Harlig	7	Chiung-chih Huang	5
Ming-Yu Tseng	7	Marta Dynel	5
Elaine Lockton	7	Spyridoula Bella	5

从这些高产作者的主要研究领域可以看出，近十年来临床语用学

（Clinical Pragmatics）（如 Catherine Adams、Elaine Lockton、Bruno G. Bara、Francesca M. Bosco、Eeva Leinonen、Jenny Freed）、语际语用学（Interlanguage Pragmatics）（如 Naoko Taguchi、Rémi A. van Compernolle、Carsten Roever、Kathleen Bardovi-Harlig、Manuel P. Cruz、Spyridoula Bella）、社会语用学（Sociopragmatics）（如 Michael Haugh、Dániel Z. Kádár）、语用学与句法界面研究（如 Alessandro Capone、Chiung-chih Huang）、语用学与篇章或会话分析界面研究（如 Ming-Yu Tseng）、语用学与韵律界面研究（如 Pilar Prieto）等是近年来发文比较多的研究领域。

从发文突增情况看，主要从事语用与句法界面研究的 Alessandro Capone 博士、从事语际语用学研究的 Carsten Roever 教授、从事社会语用学研究的 Michael Haugh 教授以及从事临床语用学的 Elaine Lockton 教授等近年来发文量增长迅速，具体参见表 2 - 3。以 Elaine Lockton 为例，在检索到的 7 篇论文中，有 3 篇集中发表于 2012 年。

表 2 - 3　　　　　2006—2015 年国际核心期刊作者发文突增情况

作者	总发文量（篇）	突增指数	突增年份（年）
Alessandro Capone	12	4. 45	2008
Carsten Roever	8	3. 58	2012
Michael Haugh	19	3. 57	2007
Elaine Lockton	7	3. 13	2012
Manuel P. Cruz	6	3. 02	2013
Dániel Z. Kádár	9	2. 96	2007
Naoko Taguchi	14	2. 91	2007
Chiung-chih Huang	5	2. 80	2010
Pilar Prieto	6	2. 68	2012
Catherine Adams	9	2. 64	2006

2.2.3　机构发文量情况

机构发文量显示了特定机构的科研实力与水平，是衡量其科研水平的主要指标之一。从论文作者所属机构来看（图 2 - 2 和表 2 - 4），2006—2015 年间发文较多的机构主要有曼彻斯特大学（The University of

Manchester)、根特大学（Ghent University）、伊利诺伊大学（The University of Illinois）、爱丁堡大学（The University of Edinburgh）等，具体见表 2 - 4。从聚类情况来看，线条距离越远，说明文献互引数量越少。由此可以看出，印第安纳大学（Indiana University）、密歇根大学（University of Michigan）和加州大学洛杉矶分校（The University of California, Los Angeles）的研究取向更加一致，文献互引程度较高；而同在美国的伊利诺伊大学则与英国的爱丁堡大学和曼彻斯特大学的研究议题更加接近，互引较多。

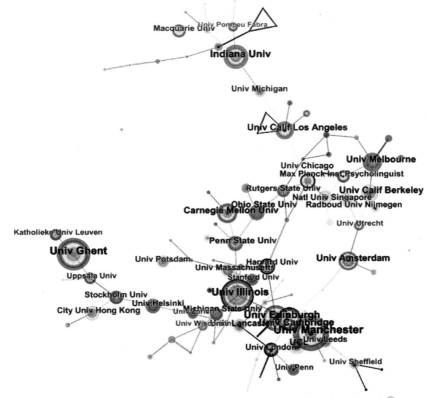

图 2 - 2　2006—2015 年国际核心期刊机构发文及其聚类网络图谱①

---

① 图谱中圆圈越大，表示节点的频次越高，反之则越小；节点之间的连线表明节点间的共现强度，线条越粗表示共现频次越高，反之则越低。

2006—2015 年语用学领域国际核心期刊发文量排名前二十的机构中，美国 8 家，排名第一；英国次之，有 5 所大学入榜；澳大利亚和荷兰各有 2 所；比利时、希腊、新加坡则分别有 1 所高校入围（具体见表 2 - 4）。

表 2 - 4　　　　　　2006—2015 年国际核心期刊机构发文量情况

机构	发文量（篇）	机构	发文量（篇）
The University of Manchester	34	The University of Melbourne	18
Ghent University	31	University College London	18
The University of Illinois	28	The University of California, Berkeley	17
The University of Edinburgh	25	The Pennsylvania State University	16
Griffith University	25	The Ohio State University	16
Indiana University	25	The University of Athens	16
The University of Cambridge	21	Lancaster University	15
The University of Amsterdam	20	Radboud University Nijmegen	14
Carnegie Mellon University	20	National University of Singapore	14
The University of California, Los Angeles	18	Michigan State University	14

表 2 - 5 分析了这十年间机构论文发表突增情况。从论文增长的速度看，美国的罗格斯大学（Rutgers University）、得克萨斯大学奥斯汀分校（The University of Texas at Austin）以及西班牙的庞培法布拉大学（Pompeu Fabra University）近年来发文增长迅速。从国家角度来看，2006—2015 年增长速度排名前十的高校中，美国 4 所，西班牙 2 所，英国、荷兰、澳大利亚和新加坡各 1 所。

表 2 - 5　　　　　　2006—2015 年国际核心期刊机构发文突增情况

机构	发文量（篇）	突增指数	突增年份（年）
Rutgers University	13	3.6	2010
The University of Texas at Austin	9	3.02	2008
Pompeu Fabra University	10	2.93	2012
The University of California, Berkeley	17	2.86	2006

机构	发文量（篇）	突增指数	突增年份（年）
The University of Illinois	28	269	2008
Nanyang Technological University	6	2.59	2012
The University of Groningen	5	259	2008
The University of Barcelona	9	2.44	2012
The Australian National University	7	244	2013
The University of East Anglia	7	2.43	2010

2.2.4 国家发文量情况

图 2 – 3 显示，在语用学研究方面发文量比较多的作者集中于美国和英国等西方国家。从聚类关系上看，中国与美国、英国的学术互引更加紧密，而与荷兰、加拿大、澳大利亚学者的互引频次则相对较少，其主要原因是英、美等国家是语用学研究的重心。此外从澳大利亚、加拿大与荷兰之间的交互关系看（连线较多，距离较近），说明后三个国家的学术互引要多于其引用美国、英国的情况。

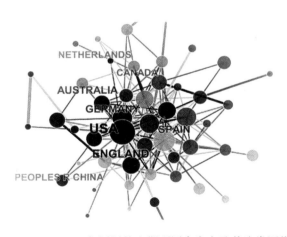

图 2 – 3 2006—2015 年国际核心期刊国家发文及其聚类网络图谱

具体来看（图 2 –4），美国以 743 篇的总发文量位居第一；英国紧随其后，但数量相差很大，只有 319 篇；德国排第三，数量为 175 篇；中国（含港澳台地区）总发文量也较多，共 116 篇，排第六。

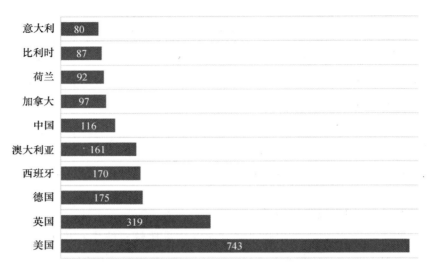

图 2 – 4   2006—2015 年国际核心期刊国家发文数量情况

2.3   被引情况分析

学者在撰写学术论文时，不可避免地引用前人的文献，以表达尊敬、彰显认同、提供研究背景、划定研究领域、便于识别与提取（Weinstock，1971）。可以说，文献之间的相互引用，"反映了科学发展的客观规律，体现了科学知识的累积性、连续性、继承性以及学科之间的交叉、渗透"（李杰、陈超美，2016：142）。对特定领域的引用情况展开分析，不仅可以勾画学科发展脉络，还可以呈现时下研究现状，甚或可以预测学科发展动向，因此对学科梳理工作具有重要意义。本节从作者共被引、文献共被引以及刊物共被引三个维度对语用学领域的文献被引情况展开分析。

2.3.1   作者共被引情况

作者共被引分析是指对参考文献中作者被引频次的一种计量分析。这种分析不仅可以识别特定领域的高被引作者，而且还可以据此生成相关议题的研究者聚类群，从而识别研究主题及其学科领域分布（李杰、陈超美，2016：170）。

从被引情况看（表 2 - 6），2006—2015 年间被引用频次较高的学者主要包括：面子理论（Face Theory）提出者之一 Penelope Brown（355次），语用学主要奠基人之一、第一本语用学教材作者 Stephen C. Levinson（295 次），合作原则（Cooperative Principle）和会话含意（Conversational Implicature）理论提出者 Herbert P. Grice（288 次），关联理论（Relevance Theory）创始人 Dan Sperber（256 次）和 Deirdre Wilson（166次）[①]，语际语用学家 Gabriele Kasper（208 次），礼貌原则（Politeness Principle）提出者 Geoffrey Leech（185 次）等，具体可参见表 2 - 6。

表 2 - 6　　　　2006—2015 年国际核心期刊作者共被引情况

作者	被引量（次）	作者	被引量（次）
Penelope Brown	355	Talmy Givon	153
Stephen C. Levinson	295	Emanuel A. Schegloff	142
Herbert P. Grice	288	Randolph Quirk	133
Dan Sperber	256	Douglas Biber	128
Gabriele Kasper	208	Janet Holmes	126
Geoffrey Leech	185	John L. Austin	126
Erving Goffman	171	Anna Wierzbicka	123
Deirdre Wilson	166	Kathleen Bardovi-Harlig	122
John R. Searle	161	Herbert H. Clark	122
Robyn Carston	156	Bruce Fraser	119

图 2 - 5 显示了被引作者的聚类关系，可归为三大矩阵：以 Stephen Levinson、Herbert P. Grice 为首的可视为第一矩阵（图 2 - 5 右上侧），该矩阵聚合了 Dan Sperber、Deirdre Wilson、Robyn Carston、John Searle 等学者，主要从事语言语用和认知语用方面的研究，如会话含意、言语行

①　从 Dan Sperber 与 Deirdre Wilson 的频次差异可以看出，除关联理论外，前者还有其他研究成果被引用。

为、关联理论等,这也说明认知语用学与语言语用学关系更加紧密。第二个矩阵位于图2-5右下侧，主要包括 Penelope Brown、Gabriele Kasper、Kathleen Bardovi-Harlig、Juliane House、Anna Wierzbicka、Janet Holmes 等。该矩阵中的学者主要从事社会语用学、语际语用学等方面的研究，这也说明语际语用学与社会语用学的关系更加紧密，研究交叉引用较多。第三个矩阵位于图片左侧，以 Talmy Givon 和 Knud Lambrecht 为代表，以语用—句法界面研究为主，从学术联系看，该矩阵与语言语用研究关系相对密切。

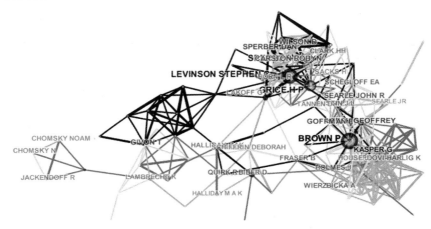

图 2 - 5　2006—2015 年国际核心期刊作者共被引及其聚类网络图谱

从被引增长幅度看（表 2 - 7），2006—2015 年间被引突增指数比较高的学者有 Robyn Carston、Norman Fairclough、Gabriele Kasper、Anna Trosborg 等。从研究领域看，这些学者主要从事认知语用学（如 Robyn Carston）、语际语用学（如 Gabriele Kasper、Anna Trosborg、Elite Olshtain、Shoshana Blum-Kulka）、语用—句法界面研究（如 Mira Ariel、Talmy Givon、Bernd Heine）、礼貌研究（如 Richard Watts、Erving Goffman、Michael Haugh）等。这也从一个侧面反映出这几个研究领域是所在年份的研究热点。

表 2 - 7　　　　**2006—2015 年国际核心期刊作者共被引突增情况**

作者	突增指数	突增年份 （年）	作者	突增指数	突增年份 （年）
Robyn Carston	12. 81	2006	Paul Grice	11. 15	2010
Norman Fairclough	12. 77	2012	Shoshana Blum-Kulka	11. 00	2010
Gabriele Kasper	12. 38	2010	Jenny Thomas	11. 00	2010
Anna Trosborg	11. 92	2008	Michael Tomasello	10. 99	2006
Jacob L. Mey	11. 92	2008	Richard Watts	10. 93	2012
Mira Ariel	11. 85	2012	Kathleen Bardovi-Harlig	10. 54	2010
John Searle	11. 62	2008	Bernd Heine	10. 49	2012
Talmy Givon	11. 39	2012	Erving Goffman	10. 37	2006
Elizabeth C. Traugott	11. 35	2012	Michael Haugh	10. 06	2012
Elite Olshtain	11. 32	2008	Richard Schmidt	10. 02	2012

2.3.2　文献共被引情况

文献共被引是指某一论文中的参考文献同时被其他论文作为参考文献的情况。透过文献共被引分析，不仅可以辨识某一领域的高影响力文献（刘则渊等，2008：143），而且还可以据此衍推研究趋势与热点。数据显示，2006—2015 年的高被引文献主要包括：Carston（2002）（45 次）、Levinson（2000）（38 次）、Recanati（2004）（34 次）、Culpeper（2011）（34 次）、Wilson & Sperber（2004）（30 次）、Locher & Watts（2005）（29 次）、Cohen & Shively（2007）（28 次）、Potts（2005）（26 次）、Watts（2003）（26 次）、Kasper & Rose（2002）（26 次）等[①]。从这些高被引文献可以看出，当下语用学研究的参考文献注重对新近成果的参考，而非追求对经典文献的引用。例如，Levinson（1983）编纂的经典语用学教材并未进入引用率前十，而其 2000 年新著 Presumptive Meanings：The Theory of Generalized Conversational Implicature 则高居引用榜第二位。

根据研究议题对这些文献进行聚类分析后，显示出四大矩阵，分别

[①]　限于篇幅，正文中未列出文献的详细信息，具体请参见书后参考文献。

对应语用学的四大研究领域。第一矩阵主要涉及 Levinson（2000）、Car-
ston（2002）、Wilson & Sperber（2004）、Huang（2007）等，这些学者主
要从事语言语用学或认知语用学研究，且这两个领域文献互引频繁、相
似度高。第二矩阵主要包括 Culpeper（2011）、Locher & Watts（2005）、
Watts（2003）等，这些学者主要从事社会语用学（特别是礼貌研究）方
面的研究。第三矩阵主要包括 Cohen & Shively（2007）、Kasper & Rose
（2002）、Rose（2005）等，主要从事语际语用学方面的研究。第四矩阵
涉及 Traugott（2002）、Hopper & Traugott（2003）等，主要从事句法/语
义—语用界面研究。

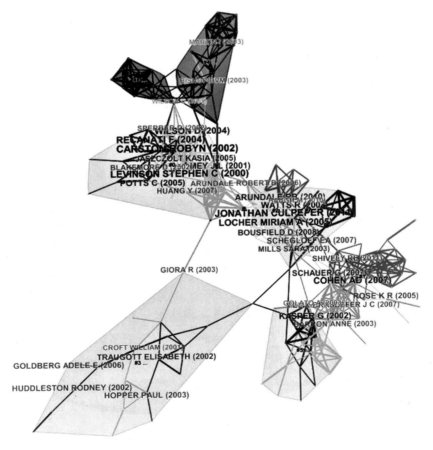

图 2 - 6   2006—2015 年国际核心期刊文献共被引及其聚类网络图谱

2.3.3　刊物共被引情况

CiteSpace 这一文献分析软件还提供了特定研究领域经常引用的刊物情况（即刊物共被引分析）。借助刊物共被引分析，可识别特定领域知识的主要来源（李杰、陈超美，2016：170），并根据刊物偏好勾勒期刊之间的逻辑联系，便于学习者和研究者阅读文献时更加聚焦。

从表 2 - 8 可以看出，语用学研究经常引用发表在 *Journal of Pragmatics*、*Language*、*Pragmatics*、*Lingua* 等刊物上的论文。从这些刊物的发文倾向来看，除 *Journal of Pragmatics* 和 *Pragmatics* 刊发语用学研究各领域文章外，其他刊物被引情况也说明了这十年间的四个研究热点：第一个热点为语用学视角下的语言本体研究，涉及的刊物主要有 *Language*、*Lingua*、*Linguistic Inquiry* 等；第二个热点是语用习得研究，涉及的刊物有 *Applied Linguistics*、*Language Learning*、*Studies in Second Language Acquisition*、*Journal of Child Language* 等；第三个研究热点为社会语用学，涉及的刊物主要有 *Language in Society*、*Intercultural Pragmatics* 等；第四个研究领域为语用学视角下的语篇研究，涉及的刊物主要有 *Discourse Processes*、*Text and Talk* 等。

表 2 - 8　　　　2006—2015 年国际核心期刊刊物共被引情况

刊物名称	被引量（次）	刊物名称	被引量（次）
Journal of Pragmatics	1155	*Language in Society*	325
Language	737	*Intercultural Pragmatics*	265
Pragmatics	473	*Journal of Linguistics*	255
Lingua	457	*Language Learning*	249
Syntax and Semantics	431	*Discourse Processes*	233
Linguistics	401	*Journal of Child Language*	230
Applied Linguistics	380	*Studies in Second Language Acquisition*	217
Cognition	364	*Language Sciences*	201
Linguistics and Philosophy	346	*Natural Language and Linguistic Theory*	197
Linguistic Inquiry	331	*Text and Talk*	196

从刊物的聚类关系看（图 2-7），这些经常被引用的刊物可以分为四大矩阵：第一矩阵主要包括 *Journal of Pragmatics* 和 *Pragmatics*，这两个刊物都致力于语用学专题研究，所刊发的论文涉及语用学研究的各个层面与维度，是语用学学科发展的实践者和引领者；第二矩阵主要包括 *Language*、*Lingua*、*Linguistic Inquiry* 等刊物，这些刊物以语言本体研究为主，所刊文章基本对应于语言语用学研究；第三矩阵以 *Applied Linguistics*、*Language Learning*、*Intercultural Pragmatics* 等刊物为主，这些刊物主要刊发语际语用学、社会语用学等领域的文章，尽管语际语用学与社会语用学有一定差异，但二者互引情况紧密，说明议题相似度颇高；第四矩阵以 *Cognition*、*Journal of Memory and Language* 为主，这些刊物主要刊发语用—认知、语用—心理等方面的文章。

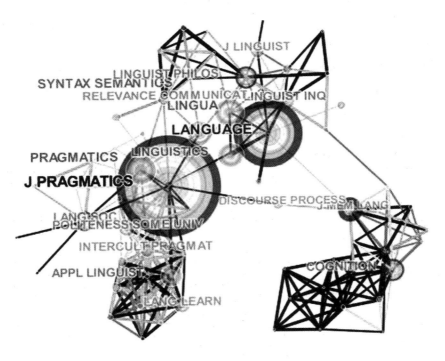

图 2-7   2006—2015 年国际核心期刊刊物共被引及其聚类网络图谱

2.4　学派研究的聚类分析

传统观点认为，语用学研究有两大流派：英美学派（又称"微观语用学"）和大陆学派（又称"宏观语用学"）（Horn & Ward，2004；何自然，1997：9；杨维秀，2007；陈新仁，2009：5）。从研究侧重点看，英美学派以语言本体和语言哲学研究为主，强调句子结构、句法等对语言使用的影响，其传统话题主要包括会话含意、言语行为、合作原则等；大陆学派则偏重社会学研究，强调政治、经济、社会、文化等因素对语言使用的影响（何自然，1997：9—11；何自然，2003：10—11；严辰松、高航，2005；陈新仁，2009）。那么经过几十年发展，特别是在全球化势不可挡、国际学术互动与人才流动常态化的今天，这一语用学研究的二分法是否继续有效？CiteSpace 这一软件通过作者、国家、题目或关键词、共被引文献、共被引作者等，能勾勒出研究之间的聚类网络，具化研究联系，为我们分析学派研究提供有益视角。

从图 2-8 可以看出，现有的语用学研究可分为四大矩阵。第一矩阵以 Gabriele Kasper、Kathleen Bardovi-Harlig、Naoko Taguchi、J. César Félix-Brasdefer、Anna Barron 等为主。这些学者均主要从事语际语用学研究，且除 Anna Barron 现居德国外，其他学者均就职于美国高校。第二矩阵以 Michael Haugh（澳大利亚）、Jonathan Culpeper（英国）、Jacob Mey（丹麦）、Helen Spencer-Oatey（英国）、Emanuel A. Schegloff（美国）为主，这些学者主要从社会文化层面展开语用学研究，以欧洲学者为主。第三矩阵中主要包括 Deirdre Wilson（英国）、Dan Sperber（法国）、Stephen Levinson（荷兰）、Robyn Carston（英国）、Yan Huang（英国）、Diane Blakemore（英国）等，这些学者主要在欧洲国家工作。第四矩阵主要包括 Elizabeth C. Traugott（美国）、William Croft（美国）、Joan Bybee（美国）、Michael Tomasello（德国）等，主要从事语用与句法、认知等方面的界面研究。

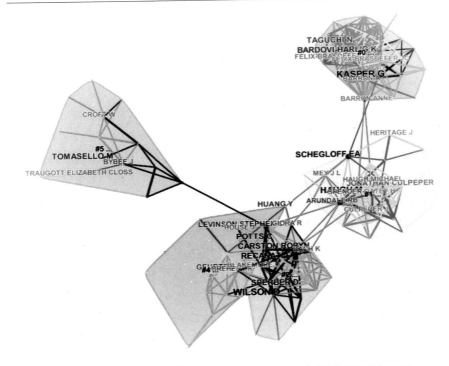

图 2 – 8   2006—2015 年国际核心期刊语用学研究学派聚类网络图谱

图 2 – 8 显示，现阶段国际语用学研究已突破了国家或地区的疆域限制，形成了以议题为中心的发展模式。目前的语用学研究已很难采用大陆学派或英美学派进行二维区分。由于研究的深化发展以及国际学术交流的日益频繁等因素，现阶段的语用学研究可大体分为四个研究维度：第一个研究维度为语际语用学研究，其实践者主要是美国的研究者；第二个维度是社会语用学研究，其实践者以欧洲学者为主；第三个维度可视为语言语用学研究，其实践者主要包括英国、法国等欧洲学者；第四个维度可视为语用—句法界面研究，其实践者以美国和德国的学者为主。

从更宏观的维度来看，在美国从事语用学研究的学者主要涉及语际语用学和语用—句法界面研究；在欧洲和澳洲从事语用学研究的学者主要涉及社会语用学和语言语用学两大传统领域。

2.5　语用学研究热点与趋势分析

CiteSpace 研究软件提供了关键词与术语相结合的方式，用以探究某一领域中学者共同关注的话题（李杰、陈超美，2016：78），并可据此进一步分析该领域的研究热点与动向（黄琼珍，2014；杨艳霞、任静生，2016）。

从主题词的角度分析（表 2 - 9），2006—2015 年发表的国际期刊论文讨论较多的主题词有语篇（273 次）、英语（272 次）、礼貌（138 次）、习得（131 次）、会话（117 次）、理解（100 次）、儿童（99 次）等。

表 2 - 9 在汇报主题词频次的基础上，按话题对主题词进行了二次归类（即范畴）。从中可以看出，这些主题词集中在社交语用（如 politeness、face、identity、irony）、语用习得（如 acquisition、children、learner）、语用—句法（如 grammaticalization、pronoun、information）、语用—语篇（如 conversation、speech、discourse marker）、认知语用（如 Relevance Theory、construction）、言语行为（如 speech act、request）、语用—韵律（如 prosody）等维度；从语种的角度分析，现有语用学研究主要集中在对英语、西班牙语、日语、汉语、法语等语种的研究。另外需要指出的是，从主题词的角度分析，除言语行为、关联理论、语用—句法界面、语用习得等传统研究领域外，近年来语用学开始向韵律（prosody）、临床（impairment）等层面拓展。

表 2 - 9　　2006—2015 年国际核心期刊语用学研究主题词分析

范畴	主题词（括号内为频次）
社交语用	politeness（138）；context（96）；communication（85）；face（58）；identity（51）；irony（35）
语用习得	acquisition（131）；comprehension（100）；children（99）；learner（70）；education（46）；strategy（44）；adult（33）
语用—句法	syntax（72）；focus（51）；grammar（47）；grammaticalization（47）；pronoun（44）；information（36）

续表

范畴	主题词（括号内为频次）
语用—语篇	discourse（273）；conversation（117）；speech（109）；discourse marker（66）；organization（38）
认知语用	Relevance Theory（50）；relevance（46）；construction（34）
会话含意	implicature（55）；inference（33）
言语行为	speech act（76）；request（64）
语用—语义	Semantics（115）
语用—韵律	prosody（38）
临床语用	impairment（31）
语种类型	English（272）；Spanish（75）；Japanese（66）；Chinese（44）；French（42）

　　主题突增情况，体现了特定时期某一议题的活跃程度或新兴趋势（李杰、陈超美，2016：110）。从主题词的角度分析，2005—2016 年增长较快的议题主要有西班牙语（Spanish）、自闭症（autism）、心智（mind）、感知（perception）、语际语（interlanguage）等，具体可参见表 2-10。从近几年的情况看，2010 年突增的议题主要有含意（implicature）、行为（behavior）、表达（expression）、权力（power）、文化（culture）、能力（competence）等；2012 年突增的议题主要包括学生（student）、幽默（humor）、不礼貌（impoliteness）、感知（perception）等；2014 年增长比较显著的议题主要有言据性（evidentiality）、语料库（corpus）、语际语用学（Interlanguage Pragmatics）、小品词（particle）等①。综合近十年的情况分析，语际语用学、语用—句法界面研究、礼貌、身份、认知处理等议题，在当下以及今后一定时期内仍将是语用学研究的主体；临床语用学、语料库语用学等新兴学科也将快速崛起。

----

　　① 因在 CiteSpace 中设定的时间切片为 2，起始年份为 2006 年，故此处均为偶数年。另，尽管 2014 年言据性、语料库、语际语用学等议题突增明显，但突增指数并未进入前二十，故表 2-10 中无体现。

表 2 - 10　　　　2006—2015 年国际核心期刊语用学研究话题突增情况

突增主题	突增指数	突增年份（年）	突增主题	突增指数	突增年份（年）
Spanish	6.79	2008	power	4.78	2010
autism	6.79	2006	adult	4.55	2006
mind	6.46	2006	culture	4.30	2010
perception	5.98	2012	humor	4.23	2012
interlanguage	5.81	2008	student	4.23	2012
scalar implicature	5.55	2010	ability	4.01	2006
impoliteness	5.47	2012	apology	3.90	2008
behavior	5.26	2010	American English	3.90	2008
expression	5.26	2010	interaction	3.90	2008
cognition	5.02	2008	competence	3.82	2010

2.6　结论以及对我国语用学研究的启示

本章借用 CiteSpace 这一文献计量软件，从发文、引文、学派聚类以及研究热点与趋势四个维度，对 2006—2015 年发表在 Web of Science 核心合集中的语用学论文进行了梳理与分析，主要有以下发现：

（1）从发文情况看，国际语用学研究的主体仍在美、英等国家，但中国、西班牙等非英语国家发文增长迅速，国际范围内发文量较高的学者主要有 Michael Haugh、Naoko Taguchi、Alessandro Capone 等；

（2）从引文情况看，高被引作者主要包括 Penelope Brown、Stephen C. Levinson、Herbert P. Grice 等，高被引文献主要包括 *Thoughts and Utterances：The Pragmatics of Explicit Communication*（Carston，2002）、*Presumptive Meanings：The Theory of Generalized Conversational Implicature*（Levinson，2000）、*Impoliteness：Using Language to Cause Offence*（Culpeper，2011）等，高被引期刊主要有 *Journal of Pragmatics*、*Language*、*Pragmatics* 等；

（3）从学派聚类看，英美学派和欧洲大陆学派这一二分法已不适应全球化背景下的研究现实，现有语用学研究已打破了地域限制，呈现出以议题或研究领域为主的聚合模式，衍生出语际语用学、社会语用学、认知语用学和语用—句法界面研究为主的四大研究矩阵；

（4）现阶段语用学研究主要集中在社会语用学、语际语用学、语用—句法、语用—韵律界面研究等层面，在今后一段时期内仍将是语用学研究的主流，但近年来临床语用学、语料库语用学发展迅猛，语用学领域对英语以外其他语种（如西班牙语、汉语）的关注也会持续增强。

根据国际语用学研究的热点及趋势，结合我国语用学的研究现状，笔者提出三点建议。

第一，深化和丰富研究议题。总体来看，与国际语用学研究相比，我国语用学研究议题相对单一，目前仍主要集中于语言语用学和社会语用学两大领域，认知语用学、语际语用学等层面的研究尚待深入，语用—句法、语用—韵律等层面的界面研究也亟待展开，临床语用学、语料库语用学等领域更是鲜有涉及。这需要我们在继续挖掘传统议题的基础上，不断开拓研究疆域，丰富研究选题，促进语用学研究的进一步繁荣。

第二，拓展研究方法。目前我国的语用学研究仍以思辨法和观察法为主，采用语料方法、实验法的研究明显较少，借助神经、认知等学科方法的研究更是凤毛麟角，我国语用学的研究方法亟须进一步丰富和完善。

第三，形成研究特色。总体来看，在国际语用学研究领域有影响力的大陆学者尚不多见，在世界范围内也难以听到我国语用学研究者的声音，我国语用学研究者更没有提出有影响力的语用学理论。这需要我们结合我国的语用学研究特色（如注重社会、文化等因素对语言使用的影响、偏重语用教学等），勇于提出新理论，敢于实践新方法，增强研究团队建设，强化不同研究机构之间的交流与合作，聚力发展，形成传承中国特色、体现中国风格、彰显中国气派的语用学研究，扩大我国语用学研究的国际影响力。

如同个人发展需要反思一样，学科的发展亦离不开定期的耙梳。尽管语用学研究成为一个独立的研究学科已逾三十年，也已取得一系列重要研究成果，但如何厘清语用学与语义学、社会语言学、社会学等学科的关系，确立主线分明、逻辑清晰的学科研究体系，划定明确的研究范畴与边界，彻底摆脱"垃圾篓（waste-basket）"（Mey，1993：2）或"杂物箱（ragbag）"（Leech，1983）的尴尬境地，仍是现阶段语用学研究面临的一大关键问题。本章借用文献计量学软件，系统梳理了 2006—2015 年这十年间国际核心刊物中发表的语用学论文，并进行了适当归类讨论，尝试提取语用学研究的核心议题，明确语用学的研究热点与趋势，为进一步开展语用学学科梳理工作打下基础。研究发现，国际上有一大批从事语用能力研究的学者，刊发语用能力研究的刊物也比较多，语用能力方面的论文数量也较多，语用学研究中的不少核心议题和突增主题也与语用能力有关。因此，综合来看，语用能力研究在语用学版图中占有重要位置。

　　囿于研究时间和条件，本章仅对 2006—2015 年间的 SSCI 和 A&HCI 检索的题目或主题中含有"pragmatic"的论文进行了耙梳，文献搜集不一定系统全面；加之作者知识水平有限，根据数据结果所做的归纳与总结也难免有失偏颇，敬请专家、同人多多批评指正，共力语用学研究的深化发展。

第 3 章

国内语用学研究热点与趋势分析

本章借助 CiteSpace 这一文献计量学软件，以主题"语用"为条件，采用逐一限定期刊的方法，对国内常用外语类核心期刊中 1980—2015 年的语用学研究进行梳理分析，析解语用能力研究在我国语用研究中的重要地位。

3.1　引言

我国的语用学研究始于北京大学胡壮麟先生 1980 年发表在《国外语言学》上的"语用学"一文，之后经何自然、倪波、沈家煊、何兆熊等我国第一代①语用学研究者的推广和普及，语用学在我国已取得长足进展，其标志有四：（1）有独立的研究会。中国语用学研究会（现称为"中国逻辑学会语用学专业委员会"）成立于 2003 年，现已有会员 600 余名。（2）有独立的刊物。2010 年起高等教育出版社发行《语用学研究》（辑刊），是国内第一本专门面向语用学研究的刊物。（3）定期举办语用学研讨会。除各种小规模、自发性研讨外，中国语用学研究会还定期举办全国语用学研究会年会和语用学研究高层论坛，两种会议隔年举行。（4）有相对健全的人才培养体系。我国广东外语外贸大学、南京大学、上海外国语大学、东北师范大学、北京师范大学等十余所高校有一定规模的博士生导师队伍，在博士后、博士、硕士等人才培养方面有固定的

---

① 主要据 1980—1984 年论文发表以及后期学术影响而定。

机制，为语用学在我国的蓬勃发展储备人才。可以说，语用学研究已成为我国语言学研究的重要组成部分。据统计，在"十一五"期间获批的国家社科基金 23 个外国语言学研究领域中，语用学以 17 项的总立项数位列第四，这从一个侧面反映了语用学在我国整个语言学研究体系中的重要地位（王立非、江进林，2011）。

正如本书 2.1 节所言，语用学在我国也面临一些发展性危机，语用学的学科性受到部分学者质疑（胡范铸，2017）。因此，在梳理完国外语用学研究热点和发展趋势后，本章将重点投回国内，对国内的语用学研究热点和学科发展现状进行梳理。因语用学所涉议题比较丰富，跨学科、复合性特征明显（冉永平，2011、2012；向明友，2015），限于研究条件无法对文章一一检索核验，所以本章采用了限定"期刊"与指定"检索词"相结合的做法。具体来说，我们在中国知网（CNKI）中以主题①为"语用"、年份限制于 1980—2015 年，分别在《外语教学与研究》《现代外语》《外国语》《外语界》等 13 本期刊②中分次检索。检索过程中，考虑了刊物易名的情况，将《国外外语教学》与《外语教学理论与实践》《四川外语学院学报》与《外国语文》进行了合并处理，行文中以现名为准。数据检索于 2016 年 12 月 10 日，涉及 13 种外语类期刊，共产出 2475 条数据。

3.2　年度与刊物发文情况分析

3.2.1　年度发文情况分析

对语用学的年度发文量进行分析，不仅可以勾勒语用学的发展脉络，呈现语用学的发展态势，而且对预测语用学的研究走向并据此有意识引导语用学的发展也具有一定的借鉴价值。图 3 - 1 呈现了 1980—2015 年我国国内主要外语类核心刊物中语用学研究的年度发文量情况。

---

①　中国知网（CNKI）中的"主题"检索主要以检索词出现在标题、摘要或关键词中为准。

②　具体刊物名称见本书 3.2.2 节。为叙述方便，本章将之称为"国内主要外语类核心刊物"。

以五年为一个区间①进行大致分析，1980 年左右每年约发文 3 篇；1985 年左右每年约发文 6 篇；1990 年激增至 25 篇左右；1995 年迅速增至 40 篇左右；2000 年飙升至 100 篇；2005 年左右是语用学研究的高峰期，大约每年 140 篇左右；之后语用学研究发展平稳，但伴有小幅回落之势，年度发文量在 110—130 篇间徘徊。

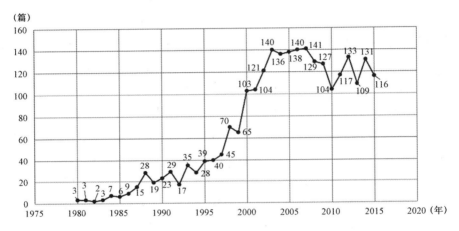

图 3 - 1   1980—2015 年国内语用学年度发文情况

综合来看，国内语用学研究直线式上升始于 1997 年，在 2003 年达到顶点。可以说，这 7 年是国内语用学发展的黄金时段，发文总量共增长了 95 篇，增速高达三倍。图 3 - 1 还显示，2003 年以后虽然我国语用学研究一直在高位运行，但近年来（特别是 2008 年以来）略呈下降之势。笔者猜测，其部分原因在于随着认知语言学、语料库语言学、神经语言学等新兴学科的兴起，少数语用学研究者开始转向其他研究领域，从而导致语用学总发文量有所减少。这一问题值得我国语用学界关注。

3.2.2   刊物发文情况分析

对刊发语用学研究的刊物进行分析，不仅可以据此研判刊物的发文

---

①   如直接以五年为单位进行统计，则容易掩盖年度发展的趋势特征；如逐年回顾，又过于烦琐。所以，图 3 - 1 中按年度发文进行统计，本段中以五年为单位进行趋势分析。

偏好，而且对语用学研究者的文献阅读以及撰文投稿也具有一定的参考价值（向明友，2015）。

从刊物来看（表 3 - 1），目前国内的语用学论文主要发表在《外语学刊》（401 篇，占比 16.2%）、《外语与外语教学》（263 篇，占比 10.6%）、《外语教学》（261 篇，占比 10.5%）、《现代外语》（225 篇，占比 9.1%）等期刊中。较高的发文量反映了语用学研究在我国整个外语研究中的重要地位。以发文量居中的《外国语》为例，该刊由上海外国语大学主办，每年 6 期，每期发文 10 篇左右，涉及语音、词汇、句法、语义、认知、语料库等语言学（含翻译）各层面的研究，可谓发文竞争非常激烈。但即使如此，1980—2015 年间仍然平均每期有 1 篇论文与语用学研究有关或涉及语用学的话题，语用学研究的活跃程度可见一斑。

表 3 - 1　　　　1980—2015 年国内刊物语用学研究总发文量情况①

刊物	数量（篇）	百分比（%）
《外语学刊》	401	16.2
《外语与外语教学》	263	10.6
《外语教学》	261	10.5
《现代外语》	225	9.1
《外国语》	208	8.4
《外国语文》	204	8.24
《外语研究》	201	8.1
《山东外语教学》	191	7.7
《外语教学与研究》	165	6.7
《解放军外国语学院学报》	161	6.5
《中国外语》	93	3.8
《外语教学理论与实践》	64	2.6
《外语界》	38	1.5

---

①　文中《外国语文》含原《四川外语学院学报》，《外语教学理论与实践》含原《国外外语教学》。

3.3 作者与单位发文情况分析

3.3.1 作者发文情况分析

总发文量，显示了该领域的代表性学者，并可据此衍推比较活跃的语用学议题或研究领域。统计显示（表3-2），发文数量较多的学者主要有冉永平、陈新仁、何自然、徐盛桓等。这些学者中，既有我国语用学研究的主要创始人何自然教授，也有与其同时代为语用学在我国的传播和发展作出巨大贡献的徐盛桓、钱冠连教授等；既有熊学亮、张绍杰、张克定教授等国内第二代语用学研究者，也有冉永平、陈新仁、侯国金、魏在江等国内少壮派语用学研究者。第一批语用学研究者将国外的语用学理论引入中国，奠定了语用学研究在我国的地位；第二代语用学研究者在第一代研究者的基础上，进一步深化了语用学的研究议题，在语用学本体及其应用领域作出了重要贡献；目前活跃在学术研究领域的少壮派语用学研究者，在前两代研究的基础上，正在逐步形成具有我国特色的语用学研究格局。

表3-2　　　　1980—2015年国内语用学研究作者总发文量情况

作者	发文量（篇）	作者	发文量（篇）
冉永平	56	辛斌	15
陈新仁	44	蒋勇	15
何自然	42	莫爱屏	14
徐盛桓	38	李勇忠	12
侯国金	35	向明友	12
熊学亮	29	刘森林	12
张绍杰	21	张克定	12
魏在江	20	于国栋	11
文旭	16	何刚	11
钱冠连	16	俞东明	11

　　作者发文突增情况，指某一作者在特定时段的发文量相对于其往年突然增多的情况，可据此衍推某一代表性研究者的产生时段。从发文突增情况来看（表 3 - 3），20 世纪 80 年代发文突然增多的学者有何自然、徐盛桓、熊学亮、钱冠连教授等，其中何自然教授最早，出现在 1983 年①，因此何自然教授是我国语用学研究的主要创始人之一；20 世纪 90 年代发文突增的学者有陈新仁、何刚、文旭、于国栋教授等；21 世纪以来发文突增的学者主要包括蒋勇、李勇忠、侯国金教授等。从年龄结构看，自陈新仁教授开始，之后每年发文突增明显的学者以"60 后"乃至"70 后"（如于国栋教授）研究者为主，他们是目前国内语用学研究的主力军，不仅承担着传承和发展语用学研究的重任，也在规划和影响着我国语用学发展的未来。

表 3 - 3　　　　　　1980—2015 年国内语用学研究作者发文突增情况

作者	总发文量（篇）	突增年份（年）	突增指数
何自然	42	1983	9.13
徐盛桓	38	1987	7.85
熊学亮	29	1988	3.80
钱冠连	16	1989	7.25
陈新仁	44	1994	6.01
何刚	11	1997	3.82
文旭	16	1999	4.62
于国栋	11	1999	3.78
蒋勇	15	2002	5.99
李勇忠	12	2002	5.70
侯国金	35	2002	4.52

3.3.2　单位发文情况分析

　　对发文单位进行分析，可以厘清我国语用学研究的主要阵地，生成

————————

　　① 这与何自然教授 1983 年译发在《国外外语教学》（2008 年起更名为《外语教学理论与实践》）的"语用学与英语教学"一文有关（Loveday、何自然，1983）。从中国知网（CNKI）检索资料看，尽管何自然教授之前著述颇丰，但这是他第一篇关于语用学的文献。

我国语用学研究的当下图景，对语用学学科建设具有一定的指导意义。从总发文量来看（表3-4），1980—2015年在语用学领域发文较多的单位主要有广东外语外贸大学、黑龙江大学、上海外国语大学、复旦大学、四川外国语大学、解放军外国语学院、南京大学等[①]。其中，作为我国语用学研究的主要发源地，广东外语外贸大学发文量最多，共180篇，约占总发文量的7%。

从学校性质来看，发文量较多的单位既有广东外语外贸大学、上海外国语大学、四川外国语大学等外语类传统高校，也有黑龙江大学、南京大学、河南大学、浙江大学等综合性院校，还有南京师范大学、东北师范大学、华南师范大学等师范类院校。从学校所在区域来看，我国语用学研究涉及东北（如黑龙江大学）、华北（如北京外国语大学）、华东（如上海外国语大学）、华南（如广东外语外贸大学）、西南（四川外国语大学）等区域，基本形成了多点开花的研究局面。

表3-4　　　　　1980—2015年国内语用学研究单位总发文情况

单位	数量（篇）	单位	数量（篇）
广东外语外贸大学	180	苏州大学	35
黑龙江大学	82	南京师范大学	33
上海外国语大学	79	浙江大学	32
复旦大学	74	山东大学	31
四川外国语大学	72	东北师范大学	30
解放军外国语学院	71	华南师范大学	28
南京大学	63	北京师范大学	26
河南大学	54	宁波大学	22
上海交通大学	40	山西大学	22
北京外国语大学	37	北京大学	21

---

① 考虑到学校易名、合校、单位名称具化程度不同等因素，本章在数量统计时进行了人工处理，如将"广州外国语学院"与"广东外语外贸大学"合并，并以后者的名字为准进行统计；将"南京大学""南京大学外国语学院""南京大学外国语学院英语系"等名称合并，按一级单位"南京大学"统计。

　　科研合作，是培养研究队伍、克服单位或个人研究条件不足、促进学科发展的有效手段。从聚类网络的角度对单位发文进行分析，可以具化不同单位之间的科研合作关系，也可据此研判其科研再生能力。从图3–2可以看出，我国的语用研究主要有广东外语外贸大学、上海外国语大学、南京大学、黑龙江大学、河南大学等几大研究中心。从谱系来看，广东外语外贸大学研究实力最强，不仅发文总量多，而且与其他单位合作也相对较少①；而南京大学则与之形成一定程度的对比，其网络线外延比较多，说明该校与其他单位的合作相对较多。

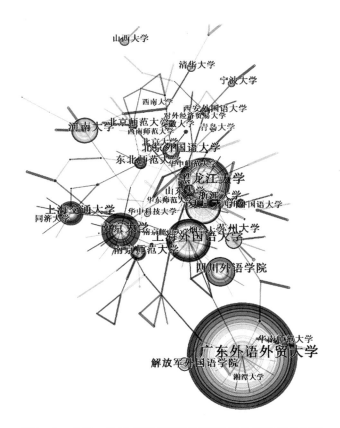

图3–2　1980—2015 年我国语用学研究单位聚类网络图谱

---

　　① 节点年轮越大，发文量越多；网络连线越多，共同发文越多，即论文撰写合作越多；不同单位距离越远，说明之间的科研合作越少。

从发文突增情况看（表 3-5），20 世纪 80 年代发文突增明显的主要有广东外语外贸大学（时名"广州外国语学院"）、南京大学和东北师范大学，其中广东外语外贸大学可视为我国语用学研究的发祥地；20 世纪 90 年代发文突增明显的主要有中国社会科学院（主要与沈家煊教授有关）、复旦大学（主要与熊学亮教授有关）、河南大学（主要与徐盛桓教授有关）等；进入 21 世纪以来，苏州大学（主要与辛斌、苗兴伟教授有关）、上海交通大学（主要与卫乃兴教授有关①）、四川外国语大学（主要与侯国金、廖巧云教授有关）、西安外国语大学（主要与魏在江教授有关）等发文突增明显②。可据此衍推，某一单位的语用学研究实力，往往与其中的一两位研究者有关，因此单位应该注重学科带头人建设工作。某一主要研究者的流动，往往会带来学校在某一领域研究实力的变化。例如，侯国金教授 2003 年从四川外国语大学调至华侨大学，之后华侨大学在语用学方面的发文量增长迅速。

表 3-5　　　　1980—2015 年国内语用学研究单位发文突增情况

机构	总发文量（篇）	突增年份（年）	突增指数
广东外语外贸大学	180	1986	9.07
南京大学	63	1987	6.64
东北师范大学	30	1987	4.36
中国社会科学院	10	1990	3.68
复旦大学	74	1991	7.86
河南大学	54	1998	4.17
山西大学	22	1998	4.01

---

①　经文本挖掘，表 3-5 中提及的上海交通大学 2002 年的发文突增与卫乃兴教授该年度发表在《现代外语》的"语料库数据驱动的专业文本语义韵研究"有关（卫乃兴，2002）。卫乃兴教授在该文中专设一节，从语用的角度分析了语义韵冲突的特殊语用效果。该校王同顺教授在语用学研究领域也取得了突出成绩，但时间节点略后。

②　本节在分析相关研究者时，主要以表 3-5 中的突增年份为主进行讨论，并不代表该校在语用学研究领域仅有本章所提及的作者。例如，河南大学除徐盛桓教授外，还有张克定、牛保义教授等知名语用学研究者，但因其所发文章年份与表 3-5 中突增年份不符，故未予提及。

机构	总发文量（篇）	突增年份（年）	突增指数
解放军外国语学院	71	1999	3.77
西南大学	13	1999	3.66
苏州大学	35	2000	4.35
上海交通大学	40	2002	4.12
四川外国语大学	72	2005	6.91
西安外国语大学	20	2008	4.34

3.4　议题分析

3.4.1　主要研究议题分析

对研究的议题进行分析，可以梳理出特定时段内语用学研究的热点，有利于我们把握语用学的发展脉络，勾勒语用学整个学科的发展态势。表 3 - 6 以每五年为统计单位，呈现了 CiteSpace 核算出的 1980—2015 年间国内的语用学研究主题情况。

表 3 - 6　　　　　　　1980—2015 年国内语用学研究主题分析

年代	主题词
1980—1984	语用学；言语行为；语用学研究；会话含意；外语教学；语用学理论；语用意义；说话人；话语理解；语言教学；语言哲学；社会语言学；命题内容；间接言语行为
1985—1989	格赖斯；何自然；语用分析；语用预设；受话人；语用原则；语言习得；会话分析；规约性
1990—1994	语用推理；常规关系；语用研究
1995—1999	语境效果；关联理论；认知语用学；合作原则；认知语境；句法学
2000—2004	语用功能；语用能力；话语标记语；认知语言学；语用失误；语料库；语用策略；礼貌原则；语法化
2005—2009	音系学；应用语言学
2010—2015	语义建构；国际通用语；哈贝马斯；对话性；人际语用学；界面假说

从表 3－6 中可以看出，20 世纪 80 年代前半段主要以引介为主，论述语用学的学科性质（如"语用学""语用学研究"），明确研究范畴（如"言语行为""会话含意""语言哲学"），细化应用领域（如"外语教学""语言教学"），具化研究对象（如"说话人""话语理解""命题内容"），明晰与相邻学科的关系（如"社会语言学"）。

20 世纪 80 年代后半段的语用学研究则逐渐聚焦，开始讨论预设、会话分析等议题；此外，经过 20 世纪 80 年代前半段的积淀，对未来语用学研究产生重要影响的学者开始显现。例如，何自然教授作为高频词开始出现在 1985—1989 年间所刊文章的摘要中，展示了其对我国语用学发展的重要推动作用，是其作为语用学研究主要创始人的有力例证。

进入 20 世纪 90 年代，除传统议题外，国内语用学对语用推理、常规关系等议题的研究明显增多。20 世纪 90 年代后半段认知语用学在国内兴起，相关议题（如"认知语境""关联理论""语境效果"等）增长明显。

2000—2004 年间新兴的话题比较多，主要围绕在语际语用学（如"语用能力""语用失误"）、认知语用学（如"认知语境""话语标记语"）等层面。此外，语用—句法层面的界面研究开始兴起，"语法化"首次作为高频词进入语用学研究领域。

之后的五年新增议题不多，但界面研究趋势更加凸显。2005—2009 年间所增的两个主题词，一个属语用—语音界面研究（如"音系学"），一个属语用—应用语言学的界面研究。

2010 年后，国内语用学研究的议题较之前进一步丰富，人际语用学、普遍语用学（如"哈贝马斯"）、语义建构、国际通用语背景下的语用研究等议题在此时间段内被提出。

综合来看，1980—2015 年间出现频次较多的主题词可归入以下六大研究领域：（1）学科性讨论，如语用学、语用学研究、语用学理论、社会语言学；（2）言语行为研究，如言语行为、间接言语行为；（3）合作原则、会话含意及其推理研究，如格赖斯、会话含意、语用推理、合作原则；（4）认知语用学，如语境效果、关联理论、认知语境、话语标记语；（5）语际语用学，如语用能力、语言习得、语用失误、应用语言学；（6）语料库语用学、人际语用学等新兴学科也陆续兴起。此外，国内语用学对会话分析、语用与其他语言层面界面研究（"音系学""句法学"
等）等议题也讨论较多。

3.4.2 议题突增情况分析

议题突增情况，体现了特定时期某一议题的活跃程度或新兴趋势
（李杰、陈超美，2016：110），我们可借此观察某一议题进入语用学研究
的大致时间，从而勾勒出语用学研究的发展脉络。表 3－7 显示，我国 20
世纪 80 年代的语用学研究主要以语用学传统议题为主，如格赖斯的会话
含意理论、言语行为、预设等，且注重厘清与语义学等相邻学科的联系
与区别，注重其应用价值（如"外语教学""语言习得"等），我国语用
学主要创始人何自然教授在此时段开始被广泛引用。

20 世纪 90 年代开始注重研究含意、推理等议题，后半段认知语用学
相关议题（如"语境效果""认知语境""关联理论"）增长迅速，界面
研究开始显现（如"句法学"），何兆熊教授作为我国语用学的另一主要
创始人在此时段内开始被广泛关注。

进入 21 世纪以来，除认知语用学继续受到热捧（如"认知语言学"
"话语标记语"），语际语用学（含语用教学）（如"语用能力""语用失
误""语用教学"）、语料库语用学（如"语料库"）等新兴学科发展迅
猛，语用与其他语言层面的界面研究也继续走红（如"语法化""音系
学""界面研究"）。

表 3－7　　　　　1980—2015 年国内语用学研究主题突增情况

1980—1989 年	1990—1999 年	2000 年至今
1982 年：语义学研究（4.67）①；言语行为（4.1）；语用意义（3.67） 1983 年：说话人（9.93）；语言哲学（7.41）	1991 年：语用推理（8.24）	2000 年：语用功能（15.69）；语用失误（9.42）；语用能力（7.73）；语法化（5.76）；礼貌原则（4.46）

---

① 括号内为该主题词的突增指数。突增指数越大，表明该主题相对于往年发生量的增幅越大。

续表

1980—1989 年	1990—1999 年	2000 年至今
1984 年：语言教学（7.55）；命题内容（6.78）；外语教学（4.61）；语用学理论（4.04） 1985 年：格赖斯（15.67）；规约性（3.89） 1986 年：语言习得（8.76）；模糊限制语（3.98）；语用因素（3.75）；话语交际（3.69） 1987 年：受话人（9.82）；语用预设（7.54）；已知信息（6.81）；语言学理论（4.8）；徐盛桓（4.51）；言外行为（4.13） 1988 年：何自然（5.74）；英美人（4.37）；语言理论（3.81）；发话人（3.81）	1993 年：列文森（8.94）；会话含意理论（7.95）；常规关系（7.13） 1994 年：何兆熊（5.49） 1996 年：认知语用学（6.76）；语境效果（6.19）；句法学（6.05）；认知语境（5.18） 1998 年：关联理论（9.73） 1999 年：合作原则（8.81）	2001 年：认知语言学（7.08）；跨文化交际（4.94） 2002 年：话语标记语（9.81）；语用策略（7.38） 2003 年：语料库（8.53）；元语用意识（3.83） 2006 年：界面研究（4.72） 2007 年：音系学（11.57）；应用语言学研究（9.16） 2012 年：语用教学（4.94）

根据议题突增的年份衍推，我国语用学研究的大致发展脉络如下：20 世纪 80 年代上半段以学科引介为主，其主要任务是将语用学这一学科引入中国，明确其学科性质，确定其研究范畴，20 世纪 80 年代后半段开始关注言语行为理论；进入 20 世纪 90 年代，我国语用学研究探讨会话含意及其推理的研究增多，20 世纪 90 年代后半段认知语用学发展迅猛；21 世纪以来，语际语用学、语料库语用学、界面研究等领域兴起，成为语用学发展的新兴议题，具体可参见图 3 - 3。

图 3 - 3　我国语用学发展脉络图

3.5　结语

本章借助 CiteSpace 这一文献计量学软件，以主题为"语用"作条件，逐一检索了《外语教学与研究》《现代外语》《外国语》等国内 13 本常用外语类核心期刊 1980—2015 年间语用学的发文情况，并从年度、刊物、作者、单位、议题等维度对国内的语用学研究进行了梳理分析。主要有以下三点发现：

（1）从年度情况看，我国语用学研究始于 1980 年，之后发展迅猛，特别是 1997 年开始直线式上升，2003 年达到顶点，之后一直在高位运行，但近年来略呈下降之势。语用学的快速发展，体现了其旺盛的生命力以及在整个语言学体系中的重要地位。但也要意识到，2008 年之后虽然我国语用学研究仍然繁荣，但有小幅下降之势（虽不甚明显），这一方面可能是因为认知语言学、语料库语言学、心理语言学、批评话语分析等新兴学科的快速崛起，吸引了少数语用学研究者的注意和转向；另一方面，语用学研究过于宽泛的研究范畴、略显松散的研究议题以及稍显主观的研究方法与数据解读方式，也可能是促使部分语用学研究者转向其他领域或者对年轻研究者缺乏足够吸引力的原因。

（2）从发文情况看，我国外语类核心刊物中均刊发语用学领域的研究，其中《外语学刊》《外语与外语教学》《外语教学》等发文量较高。就单位而言，我国语用学研究涉及华东、华北、华南、东北、西南等诸多高校，基本形成了以点带面、多面开花的研究局面。就作者而言，出生于 20 世纪三四十年代的学者是我国第一代语用学研究者（如何自然教授），也是我国语用学研究的奠基人；出生于 20 世纪 50 年代的是我国第二代语用学研究者（如熊学亮教授）；出生于 20 世纪 60 年代的研究者可视为第三代研究者（如冉永平教授、陈新仁教授），是目前我国语用学研究的领军人物，他们的研究正在形成我国语用学的研究特色，并努力使我国语用学研究走向国际。

（3）从议题情况看，20 世纪 80 年代我国的语用学研究以学科引介为主，主要对语用学的学科性质和主要议题进行了较为全面的讨论；20 世纪 90 年代我国的语用学研究迅速聚焦，特别是认知语用学研究的快速崛起，深化和拓展了语用学的研究疆域；步入 21 世纪后，认知语用学继续受到热捧，但语际语用学、语料库语用学、语用学与其他语言层面的界面研究等也迅速崛起，成为语用学研究的新兴议题。

　　结合我们对国外 SSCI 和 A&HCI 检索期刊中语用学发文情况的分析（相关数据见本书第 2 章），有以下启示：（1）我国语用学发展迅速，在研究议题、年度发文量等方面与国际期刊相比并无显著差异；（2）我国在语际语用学、语料库语用学、语用学与语言学其他层面的界面研究（如语用—句法、语用—韵律）等领域起步较晚，议题也相对单薄，发文数量相对较少，如何继续拓展上述研究领域知识、丰富研究选题、深化研究方法、形成研究范式，是摆在我国语用学研究者面前的重要任务；（3）临床语用学已成为近几年国外语用学的研究热点之一（向明友，2015；肖雁，2017），但尚未引起我国语用学研究的充分重视，这有可能成为我国语用学研究的下一个增长点。特别值得指出的是，我国的语用学研究历来注重语用学理论对外语教学的指导和借鉴价值，语用能力相关研究一直在我国的语用学研究中占有重要地位，已成我国语用学研究的一大特色。

　　限于研究时间和精力，本章仅以主题为"语用"作条件，检索了国内主要外语类刊物中语用学的发文情况，容易漏掉一些重要的语用学文献，检索的精确性和全面性有待进一步提高。比如，广东外语外贸大学刘建达教授近年来在语用测试领域成绩斐然，但因其论文题目、摘要或关键词中未包含"语用"这一术语，所以 CNKI 检索数据中未进入本章高发文量作者行列，但其发表的论文数量并不比文中提及的部分学者少。这一缺陷有待在未来的研究中克服。

第 4 章

语用能力分析框架述评[*]

前面两章分别考察了语用能力研究在国际、国内语用学研究中的重要地位。本章以此为出发点，对现有的语用能力分析框架进行解析，明确语用能力的分析维度与研究路径。

4.1　引言

语用学关注特定场景中的语言使用问题，是一门研究"如何理解和使用语言，如何使语言合适、得体的学问"（何自然、陈新仁，2004：6），为我们理解语言能力的构成提供了功能性视角。

Chomsky（1965）对语言能力的界定过于依赖形式规则和语法标准，不考虑话语使用的社会适切性，将语言使用的社会场景排除在研究范围之外，没有考虑语言与社会之间的关系，具有一定的局限性（Hymes，1972；Hill，1997）。伴随着 20 世纪 60 年代言语行为理论的兴起，特别是 Austin、Searle、Hymes 等人的推动，语言能力的界定逐渐从单一的结构描述走向多元化特别是功能性分析。功能描述认为，人们使用语言的目的在于实施一定的交际功能（如劝说、道歉、指令等），语言形式与其所实现的交际功能之间并不存在一一对应的关系（Tarone & Yule，1989；Mc-Carthy，1991）。功能视角促使人们对语言能力（其中主要是语言运用能

＊　本章原文发表于《外语教学理论与实践》2012 年第 3 期（李民、肖雁，2012），本书作了适当修改。

力）重新作出界定和类型划分，于是交际能力被提出并很快被广泛接受。作为交际能力的有机组成部分（Hymes，1972；Canale & Swain，1980；Canale，1983；Bachman，1990），语用能力及其分析框架被提出并逐步完善。本章将首先简要回顾现有关于语用能力的界定及其分析框架，之后重点介绍陈新仁（2008，2009）构建的分析框架在语际语用学研究中的全面性和可操作性，最后指明该框架尚待解决的问题。

4.2   语用能力分析框架描述

语用能力与交际能力概念的提出和发展有着密切的联系，不论是 Hymes（1972）、Canale & Swain（1980）还是 Canale（1983）关于交际能力的分析框架中实际上都包含了语用能力的成分，但上述学者均未将语用能力作为交际能力的有机组成部分明确提出来。从现有文献看，第一次对语用能力作出明确界定及分类的是 Thomas（1983）。

4.2.1   Thomas对语用能力的界定与分类

基于 Leech（1983）对语用学的划分，Thomas 于 1983 年第一次明确对语用能力的具体界定与构成作出了阐述。她将语用能力定义为"有效地运用语言知识以达到特定的交际目的和理解特定场景中话语的能力"（Thomas，1983），并将语用能力分为语用语言能力（Pragmalinguistic Competence）和社交语用能力（Sociopragmatic Competence）两部分：前者指理解和运用附着于特定话语之上的施为用意的能力（Thomas，1983）；后者指说话者不注意谈话对象的身份和地位，对身份较低或关系密切的听话人使用了过于礼貌的表达方式，或者对身份较高或者关系疏远的受话人使用了较为亲昵或粗鲁的表达方式（何自然、陈新仁，2004）。比如，听话人在听到 "Could you possibly fetch this paper to John?" 时，能够推理出说话人刚刚实施了一个指令类言语行为，而不是简单地询问听话人有没有这种能力，就体现了听话人较高的语用语言能力。从另一个方面来说，如果说话人向同事说出此话语，体现了说话人的社交语用能力较强；反之，如果听话人是自己的妻子或者丈夫，则体现了说话人的社交语用能力较低①。Thomas（1983）对语用能力的界定和分类被大部分语际语用学研究所采用（何自然、阎庄，1986；董晓红，1999；李民、陈新仁，2007b）。

4.2.2　Bachman 对语用能力的界定与分类

除 Thomas（1983）外，Bachman（1990）从测试学的角度也对语用能力进行了界定与分类（见图 4 - 1）。他指出，语言能力可以分为组织能力（Organizational Competence）和语用能力两部分：前者由语法能力（Grammatical Competence）和篇章能力（Textual Competence）组成；后者分为施为能力（Illocutionary Competence）和社交语言能力（Sociolinguistic Competence）两种。就语用能力构成而言，施为能力指"交际者在话语表达过程中结合特定语境传递和理解施为用意的能力"（何自然、陈新仁，2004：167），社交语言能力指"交际者对具体语言使用语境特征所决定的语用规范的敏感程度或控制能力"（同上）。结合起来考虑，语用能力就是"交际者在话语过程中根据语境情况实施和理解具有社交得体性的施为行为所运用的各类知识"（同上）的总和。

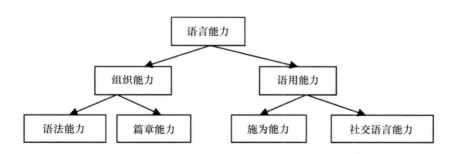

图 4 - 1　Bachman（1990：87）构建的语言能力模型

通过比较，我们发现 Bachman 讨论的施为能力和社交语言能力分别对应于 Thomas（1983）提出的语用语言能力和社交语用能力（Hill，1997）。

①　本章讨论一般情况下的话语适切性。如果此时夫妻二人正在"冷战"或妻子责备丈夫不做家务时，则另当别论。

4.2.3 Jung 对语用能力的界定与分类

Jung（2002）在总结语际语用学相关研究的基础上，提出语用能力应包括以下层面（见图 4 - 2）。

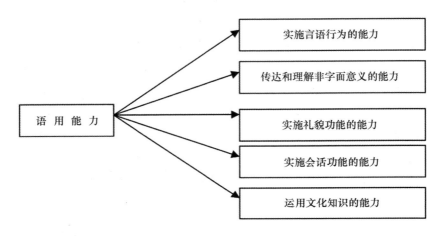

图 4 - 2 Jung（2002）构建的语用能力分析框架

具体来说，（1）实施言语行为的能力（the ability to perform speech acts）指在特定言语事件中使用适切言语行为和选择合适的语言形式实施这种行为的能力；（2）传达和理解非字面意义的能力（the ability to convey and interpret non-literal meanings）指透过句子意义获取说话人含意的能力；（3）实施礼貌功能的能力（the ability to perform politeness functions）指考虑面子需求等因素产出符合礼貌准则话语的能力；（4）实施会话功能的能力（the ability to perform discourse functions）与会话分析有关，包括参与和结束会话的能力、使用毗邻语对的能力、停顿的能力、使用话语标记语和反馈语的能力等①；（5）运用文化知识的能力（the ability to use cultural knowledge）指运用特定的社会文化知识指导话语行为的能力。

①　根据 Jung（2002）的论述，不难发现他讨论的实际上是开展会话的能力，所以本章将其译为"实施会话功能的能力"而非"实施语篇功能的能力"，避免歧义。

正如 Jung（2002）自己坦承的那样，这几个分析维度之间存在很多重合之处，比如"实施礼貌功能的能力"与"运用文化知识的能力"之间的界限就不是非常清晰。况且，能否将"运用文化知识的能力"作为语用能力的一个分析维度也值得商榷。

4.2.4　陈新仁对语用能力的界定与分类

基于以往研究，陈新仁（2008，2009）将语用能力界定为在具体语境中运用话语进行得体交际从而实现交际目的（包括行事、人际目标）的能力，并提出从语用语言能力、社交语用能力、语用认知能力（Pragmacognitive Competence）和语篇组织能力（Discoursal Competence）四个维度对语用能力进行分析（见图 4-3）。

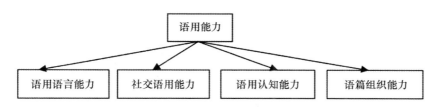

图 4-3　陈新仁（2009：204）构建的语用能力分析框架

在陈新仁的分析框架中，（1）语用语言能力指说话人为实施或理解某一言语行为所掌握的全部语言资源（如词汇、语法知识等）的能力。（2）社交语用能力指基于社会—文化因素的考虑进行得体交际的能力，主要包括对面子需求的考虑、对礼貌的表达、对态度或情感的传达与识别、对语体正式程度的把握等方面。（3）语用认知能力指在话语表达和理解中提供或捕捉最佳关联的能力，主要包括会话含意的推理、预设的把握、话语标记语的掌握、在常规情况下使用简洁的语言表达方式以便减轻话语的处理负担等。（4）语篇组织能力指"构筑语义连贯、格式规范独白语篇和参与自然会话组织"（陈新仁，2008：23）的能力。语篇组织能力可进一步分为篇章组织能力（Textual Competence）和会话组织能力（Conversational Competence）：前者主要包括运用语言链接手段提示连贯的能力、宏观语篇结构搭建的能力；后者主要包括话轮操控（如起始、

转换、维持、交接、结束）的能力、会话调整（如修正、重述、增量语
的使用等）的能力、话题掌控（如话题的选择、维持、转换等）的能
力等。

4.3　语用能力分析框架评析

在吸收相关语用学研究成果（如 Thomas，1983；Bachman，1990；
Jung，2002）的基础上，陈新仁（2008，2009）提出的语用能力分析框架
更为全面、更具操作性。下面本章分别从语用语言能力、社交语用能力、
语用认知能力和语篇组织能力四个维度分析该框架的优势，之后阐明该
框架尚待解决的问题。

4.3.1　陈新仁构建的语用能力分析框架的优势

（1）语用语言能力分析维度的优势

陈新仁（2008，2009）将语用语言能力界定为语言使用者实施和理
解某一行为所掌握的全部语言资源的能力，如语言使用者对 1）中表达恭
维句式的掌握情况就体现了其语用语言能力（Manes & Wolfson，1981；
Rose & Kwai-fun，2001）。

1）（a）NP {is, looks}（really）ADJ（PP）.

　　（b）I（really）{like, love} NP.

　　（c）PRO is（really）（a）（ADJ）NP.

　　（d）You V（a）（really）ADJ NP.

　　（e）You V（NP）（really）ADV（PP）.

　　（f）You have（a）（really）ADJ NP.

　　（g）What（a）（ADJ）NP!

　　（h）ADJ（NP）!

　　（i）Isn't NP ADJ!

需要指出的是，语言使用者对这些语言资源的掌握也包括对附着在

特定话语之上的施为用意的把握，因为这些规约性表达也是为实施某一言语行为所可能采取的诸多语言资源中的一种。例如在 2）中，中国学生的回答就违背了"never mind"一词的规约使用语境："never mind"多使用在对方因做错事而向自己道歉的语境下；而当对方表达谢意时，规约的回答方式是"You are welcome""Don't mention it"等。也就是说，2）中的中国学生因为没有弄懂"never mind"一词的施为用意，从而产生了语用语言失误，是语用语言能力不高的表现。

> 2）外教：Thanks a lot. That's a great help.
> 中国学生：*Never mind.*（何自然，1997：206）

以往研究中的语用语言能力，强调的是语言使用者掌握话语施为用意的能力（如 Thomas，1983；Bachman，1990），陈新仁强调的则是实施某一言语行为所掌握的全部语言资源的能力。通过对比，我们发现陈新仁界定的语用语言能力既包括前人的研究成果，又有所发展：语言使用者只有掌握了某一话语的施为用意之后，才有可能在实施相关言语行为时将该话语作为一种语言资源加以使用。笔者认为，陈新仁（2008，2009）对语用语言能力界定的最大创新之处在于将研究重点从理解施为用意的能力转移到使用者为实施某一言语行为所掌握的全部言语资源上，这样既包括了原来语用语言能力的研究范畴，又跳出了施为用意的藩篱（因为施为用意容易使研究者联想到与认知相关的理解层面，而非话语表述层面），强调了语言使用者为实施某一言语行为所掌握的语言形式类型。这样一来，语用语言能力与相关概念的区分更加清晰，也更容易设计测量工具对语用语言能力进行统计分析，操作性比较强。

（2）社交语用能力分析维度的优势

以往关于社交语用能力的研究，多从交际双方的相对权势入手，认为如果说话人"不注意谈话对象的身份或社会地位，对地位较低或关系密切的人使用了过于礼貌的表达方式；或者，对地位较高或关系疏远的人使用了较为亲昵的表达方式"（何自然、陈新仁，2004），就往往会引起社交语用失误，即为社交语用能力偏低的表现，如 3）中 Peter 的话语。

3）（下面是 Peter 在上课前到楼下的快餐店买东西吃时与服务生的对话）

Waiter：May I help you?

Peter：*Would you be so kind as to give me a sandwich and a yogurt, please?*

（李民、陈新仁，2007b：36－37）

本例中，Peter 作为顾客，其社交权势在此语境下高于服务员，没有必要使用过于礼貌的话语。因此，Peter 的话语在此语境中不具备社交得体性。

陈新仁（2008，2009）的分析框架不仅继承了社交语用能力应包括产出符合交际双方身份话语的能力这一观点，而且将社交语用能力的范围扩展至交际态度或情感的传达、语体的敏感性等方面。以语体的敏感性为例，假设学生 A 与教授 B 之前从未谋面。在一次学术会议上，学生 A 终于见到了仰慕已久的教授 B。在此语境下，前者打招呼时使用"Professor B，it's my great pleasure to meet you"这一较正式的话语就完全适切；而如果学生使用了非正式的"Hi，fella"，则不具备社交得体性。此外，在日常会话交际中过度使用完整的句子也是说话人对语体不敏感的表现，体现了其使用者较低的社交语用能力。如在 4）中，B 的话语就因使用了完整的句子对问句进行了回答，从而容易使听话人感到说话人是在"使性子"或者"耍脾气"（Kasper，1981；何自然、陈新仁，2004），犯了社交语用失误的毛病。

4）A：Have you finished reading that book?

　B：*Yes. I have finished reading that book.*（何自然、陈新仁，2004：175）

另外需要指出的是，陈新仁描述的社交语用能力维度中还包括了说话人凸显自己对命题的态度的能力，如 5）中（b）话语。

5）（说话人非常讨厌 Lisabeth。当被问及后者的年龄时，说话人可作

出如下回答）

（a）I can't remember her age.

（b）I can't remember her age.（0.3）Ever.

在此语境中，说话人无论是选用（a）还是（b）话语都能传达自己的意图。但与（a）相比，（b）因为使用了情感增强词"ever"（Quaglio & Biber，2006），因此还传达了使用者对 Lisabeth 的厌恶之情（李民，2011）。在陈新仁的分析框架中，说话人凸显自己对命题态度的能力属于社交语用能力的组成部分，从而进一步拓展了社交语用能力的研究范围。以往研究（如 Caffi & Janney，1994）已将说话人产出和理解情感话语的能力纳入语用学研究范畴，但很难归入 Thomas（1983）、Bachman（1990）等学者提出的语用能力分析框架中，陈新仁关于社交语用能力的相关论述则很好地解决了这一问题。

（3）语用认知能力分析维度的优势

陈新仁将语用认知能力界定为说话人或听话人在话语表达和理解中提供或捕捉最佳关联的能力，主要包括会话含意的推导、预设的把握、话语标记语的掌握、在常规情况下使用简洁的话语表达方式以便减轻话语的处理负担等。如在例6）中，（a）没有使用任何话语标记语，因此读者很难推测作者的交际意图；而（b）和（c）由于使用了标示命题内容之间关系的话语标记语"besides"和"because"，起到了减轻读者处理努力的作用，有利于读者获取其会话含意，体现了作者较高的语用认知能力。

6）（a）The rent is reasonable. The location is perfect.

（b）The rent is reasonable. *Besides*, the location is perfect.

（c）The rent is reasonable, *because* the location is perfect.（陈新仁，2002：351）

据笔者所知，陈新仁（2008，2009）第一次明确将语用认知能力纳入语用能力分析框架之中，具有一定的创新性。以关联理论为代表的认知语用学的兴起，为分析语言使用者的语用能力提供了新的视角。虽然现有关于语用能力的理论模型中均未包含此种语用能力，但大量研究实际上已经将使用和捕捉具备最佳关联话语的能力视为语用能力的有机组成部分（如 Jucker，1993；Trillo，2002；陈新仁，2002；李民、陈新仁，2007a）。因此可以说，陈新仁将语用认知能力作为一个独立的分析维度纳入语用能力整体研究框架中，汲取了认知语用学最新的研究成果。

　　另外一个需要指出的问题是，从语际语用学出现伊始，学者便注重对学习者能否推导出某一话语会话含意的能力进行研究（如 Bouton，1988，1994）。在语用学领域影响较大的 Thomas（1983）的理论模型中仅包括语用语言能力和社交语用能力两种，很难将使用或理解会话含意的能力归入具体的语用能力分析维度，而是统称为语用能力，这既不利于展开具体讨论，也不利于将该种语用能力与其他语用能力分析维度进行对比分析。因会话含意的推导涉及语境因素的选择与提取，与认知处理有关，因此陈新仁将该种语用能力界定为语用认知能力，填补了 Thomas（1983）、Bachman（1990）等理论模型的缺陷。

　　（4）语篇组织能力分析维度的优势

　　陈新仁将语篇组织能力界定为"构筑语义连贯、格式规范独白语篇和参与自然会话组织"（陈新仁，2008：23）的能力，主要包括运用语言链接手段提示连贯的能力、宏观语篇结构搭建的能力、话轮操控（如起始、转换、维持、交接、结束）的能力、会话调整（如修正、重述、增量语的使用等）的能力、话题掌控（如话题的选择、维持、转换等）的能力等。比如，当说话人意图继续掌控话轮时，为防止听话人打断而不提供转换关联位置（Transition-Relevance Place），就体现了其较高的会话组织能力。在例7）中，说话人在第2行至"idea"处已产出了一个完整的话轮结构单位（Turn-Constructional Unit），潜在转换关联位置出现。但说话人为了继续保持话语权，在"idea"和"because"之间并没有停顿，而是在"because"后使用了一个停顿，因为"because"预示着转换关联位置并未出现，因此说话人 Harold 通过不提供转换关联位置的方式成功掌控了话轮，体现了其较高的会话组织能力。

　　7）Harold：I have no idea.

　　　　　　It was probably my:.. sister-in-law's idea because,

...I think they sa：w.. that movie.　　（Du Bois *et al.*，2000）

　　笔者认为，陈新仁（2008，2009）将语篇组织能力纳入语用能力的分析框架，既继承了 Jung（2002）关于会话功能的划分，又对此作了进一步发展：语篇组织能力不仅包括会话组织能力，还包括篇章组织能力。这样一来，语篇组织能力既包括了笔语的分析维度，也适用于对口语的分析，应用范围更广。

　　陈新仁明确将会话组织能力纳入整个语用能力分析框架之中，填补了以往分析框架的不足。大部分语用学教材（如 Levinson，1983；Mey，1993；李捷、何自然、霍永寿，2011）和研究（如 House，1993；Liddicoat & Crozet，2001）都将会话分析界定为语用学的主要研究内容之一，但以前的关于语用能力的分析框架中都没有明确会话组织能力在语用能力中的具体位置。陈新仁的分析框架在区分会话组织能力和篇章组织能力的基础上，指出二者均为语篇组织能力的有机组成部分，且语篇组织能力是语用能力的四大分析维度之一，为以后语际语用学中与会话或语篇分析相关的研究提供了分析视角与依据。

　　当然，尽管语用能力由不同的分析维度构成，但各维度之间并非孤立的、毫无关联的（陈新仁，2008）。以话语标记语 well 为例，当 well 位于实施面子威胁行为的话语之前时，其使用主要体现了说话人的社交语用能力；当 well 作延缓标记语（冉永平，2003；李民、陈新仁，2007a）时，则主要体现了其使用者的会话组织能力。但是，从理论建构的视角出发将语用能力分为不同的研究维度，却有利于我们对语用现象作更加深入、细致的分析。

4.3.2　陈新仁构建的语用能力分析框架尚需解决的问题

　　尽管陈新仁（2008，2009）提出的语用能力分析框架具有较大优势，但该框架提出时间较短，第一次是 2008 年 12 月在华东师范大学主办的"语用能力与发展高层论坛上"，第二次是其在 2009 年出版的专著中。限于发言时间和书稿篇幅，作者均未详细论述该语用能力分析框架及其内部各分析维度之间的关系。笔者结合相关文献，认为陈新仁提出的语用能力分析框架尚存以下问题有待解决：

（1）该分析框架是否有尚未涉及的分析维度

相对于 Thomas（1983）、Bachman（1990）等提出的语用能力分析维度，陈新仁（2008，2009）关于语用能力的论述已比较全面，分析维度也比较具体，但是否已包括了所有的语用能力分析层面仍有待于进一步研究。例如，部分语际语用学研究（如 Ifantidou，2011）将语用意识（Pragmatic Awareness）、元语用意识（Metapragmatic Awareness）等纳入语用能力的分析范畴，陈新仁的分析框架对此则没有提及。此外，说话人或作者对不同文体特征（如口语、笔语、广告、法律等）的理解与使用也体现了其根据语境需求产出适切话语的能力，即语用能力；但据笔者理解，陈新仁的分析框架中似乎也没有包括此种能力。因此，该分析框架可能有尚未包纳的语用能力层面。

（2）该分析框架是否有较好的结构效度

从理论上看，陈新仁（2008，2009）提出的语用语言能力、社交语用能力、语用认知能力和语篇组织能力四个维度泾渭分明，概念清晰，但是否经得住测试学的检验仍有待于进一步研究。例如，Canale 和 Swain（1980）从语言能力、社交语言能力、语篇能力和策略能力四个维度对交际能力进行了划分，但后来的研究并没有证实他们的理论建构，而是认为他们提出的交际能力并不具备较高的结构效度，尤其是社交语言能力和语篇能力之间存在诸多重合（Harley et al.，1990；Schachter，1990；Hill，1997）。因此，陈新仁提出的语用能力分析框架，如要大范围推广尚需证明其具有较高的结构效度。

4.4　结语

本章在回顾与语用能力的界定和分析框架相关研究的基础上，重点评价了陈新仁（2008，2009）构建的语用能力分析框架的优势及其尚需解决的问题。笔者认为，陈新仁提出从语用语言能力、语用认知能力、社交语用能力和语篇组织能力四个维度对语用能力进行界定，是在吸收现有分析框架及其他相关研究成果的基础上对语用能力分析框架的进一步修正和完善。这一新的分析框架，克服了原有理论中无法容纳语用认知和语用语篇研究的缺陷，能将现有的大部分关于语用习得的研究纳入其中进行归类思考，同时也为某一（类）语用习得研究在整个语用能力乃至语用学研究中的定位提供了参考。但需提及的是，陈新仁的语用能力分析框架在全面性、结构效度等方面仍有待于进一步检验。

第 5 章

国际通用语背景下的语用失误新解*

前一章对现有的语用能力分析框架进行了述评。说话人如果违反了语用能力分析框架中所描述的内容，便会产生语用失误。现有关于语用失误的研究主要以英美等国家的交际原则为基准，已不适应英语成为国际通用语这一新的历史背景。因此，本章主要论述英语作为国际通用语背景下的语用失误问题。

5.1 引言

随着全球化进程的进一步深化，英语的使用范围不断扩大，具有不同语言、不同文化背景的语言使用者之间的交际都依赖英语进行（Björkman，2014）。鉴于其承担的角色，英语实际上已经是一门国际通用语（English as a lingua franca，以下简称 ELF）（陈新仁，2012；文秋芳，2012；石洛祥，2014）。根据 Murray（2012）的定义，通用语指任何一种充当不同母语使用者之间交流媒介的语言。作为 ELF，英语既可以使用于中国人与美国人之间，也可以使用在中国人与日本人之间、泰国人与南非人之间的交际中。据统计，非英语母语者的数量已经远远超过了英语本族语者（Sewell，2013；冉永平，2013；文秋芳，2014），很自然，英语作为通用语的交际大都发生在二语使用者之间，而且很多情况下都没有

* 本章原文发表于《外语与外语教学》2015 年第 2 期（陈新仁、李民，2015），本书作了适当修改。

英语本族语者参与（Sung，2014；陈新仁，2012）。英语作为 ELF 使用的多样性与复杂性，已经远远超过 Kachru（1985）对英语使用核心区域（Inner Circle，如美国、英国、澳大利亚）、外围区域（Outer Circle，如印度、新加坡、菲律宾）和扩展区域（Expanding Circle，如中国、日本、法国）三个区域的简单划分。House（2009）指出，在英语作为通用语的今天，我们已经不再关注单一的、霸权的英语，而要关注不同的英语变体；英语使用区域的"多样性和多元化已成为英语使用的显著特征，使用范围已经超越核心区域的英美语言标准和社交文化规约"（冉永平，2013：670）。

英语作为国际通用语，已经引起学界的极大关注，也已成为应用语言学的重要研究课题（Murray，2012）。现有研究多集中在语音特征（Jenkins，2000；Kirkpatrick，2008）、词汇句法（Seidlhofer，2004；Breiteneder，2005；Björkman，2008）、交际策略（House，1999；Björkman，2011）以及教学框架设计（文秋芳，2012，2014）等层面。近年来，一些研究者开始讨论 ELF 背景下的语用问题（Murray，2012；冉永平，2013；陈新仁、王玉丹，2012），但国内外尚无研究探讨 ELF 背景下的语用失误（Pragmatic Failure）问题。

随着跨文化语用学、语际语用学等学科的兴起，语用失误自 20 世纪 80 年代作为一个概念被提出以来，已经逐步发展成为二语/外语教学与研究中的核心议题之一。目前关于语用失误的研究基本上都是以英语本族语者的语用规范为参照，属于语言使用的核心区域，没有对外围区域和扩展区域语言使用者加以考虑。一般认为，与核心区域语用规范一致的英语使用，就是规范的英语用法；否则，就是语用失误。显然，在英语业已成为国际通用语的今天，这种观点过于陈旧和简单化，忽视了 ELF 背景下英语的多样性与复杂性，不再能准确、客观描述当前的英语使用现状。正如文秋芳教授指出的那样，"当今世界，非英语母语者已经远远超过了英语本族语者，英语权威的中心也已经从本族语者转移到非本族语者身上"（2014：52），并由此引发了学界极大的研究热情（同上）。ELF 的兴起对经典语用学理论提出了挑战，其中最主要的一个方面便是语用规范的选择问题：在传统研究中，将英语本族语者的语用规范作为标准无可厚非，但在 ELF 背景下，究竟选择何种规范甚或哪些规范作为标准便成为一个棘手的问题（Murray，2012）。相应的，在英语已经成为国际通用语的背景下，如何界定语用失误、如何勾勒语用失误的类型、如何在新形势下展开语用教学等问题便提上了日程。

鉴于此，本章在回顾语用失误相关研究以及语用学视角下 ELF 研究的基础上，结合英语作为国际通用语的特点，对语用失误进行重新界定，并尝试归纳语用失误的主要类型，最后就英语作为国际通用语背景下如何进行语用教学提出一些粗浅的建议。

5.2 研究背景

5.2.1 语用失误研究

一般认为，语用失误这一概念最早是由英国著名语用学家 Jenny Thomas 于 1983 年在其题为"Cross-cultural pragmatic failure"一文中提出的。其实，该概念最早源于 Thomas 1981 年在 University of Lancaster 读书时撰写的题为"Pragmatic Failure"的硕士论文，当时的定义是"无法理解对方所说话语的意思"（the inability to understand what is meant by what is said）（Thomas，1983：91）。Thomas 指出，语用失误包括语用语言失误和社交语用失误两种：前者指使用或不了解英语本族语者附着在特定会话结构上的施为用意，后者指因不了解交际双方文化背景、社会地位、语域等而产生的交际错误（Thomas，1983：99；见何自然、阎庄，1986）。对于上述两类语用失误，还存在另一种界定的表述方式：语用语言失误指"不合操英语的本族人的语言习惯，误用英语的表达方式，或者不懂英语的正确表达方式，按母语的语义和结构套英语"（曹春春，1998：69），社交语用失误指"交际中因不了解或忽视谈话双方的社会、文化背景差异而出现的语言表达失误"（何自然，1997：207）。两种表述虽然不同，但实质上大体一致。

语用失误多年来是语用学、二语习得等相关研究领域的主要议题之一。现有关于语用失误的研究主要集中在以下三个层面：

（1）语用失误的界定、类型及其对外语教学的启示。例如，除了上面提及的定义外，孙亚、戴凌（2002：19）将语用失误定义为"说话人不自觉地违反了人际规范、社会规约，或者不合时间空间，不看对象，不顾交际双方的身份、地位、场合等，违背目的语特有的文化价值观念，使交际行为中断或者失败，使语言交际遇到障碍，导致交际不能取得预期效果或达到圆满的交际效果，这样性质的错误就叫语用失误"。曹春春（1998：69）则将语用失误界定为在交际过程中"因没有达到圆满的交际效果而出现的差错"。

（2）二语学习者的语用失误分析。例如，研究发现，二语学习者的语用失误比较多（Blum-Kulka & Olshtain，1986；Ellis，1992；Trosborg，1995；何自然、阎庄，1986；李民、陈新仁，2007b），与英语本族语者存在较大差距。以道歉行为的实施为例，二语学习者对内部修饰语的使用存在频次偏低、类型单一的缺陷，但对外部修饰语的使用则相对较多，其结果是话语显得过于冗长（Edmondson & House，1991；Weizman，1993）。此外，二语学习者还存在话语不够礼貌的语用失误，其产出的话语往往过于直接，较少采用缓和语等手段（Ellis，1992；Cook，2001；Economidou-Kogetsidis，2011）。在使用话语标记语时，二语学习者往往存在类型不够丰富、过度依赖某个或某几个标记语的情况（Trillo，2002；陈新仁、任育新，2007）。

（3）语用失误的成因分析。一些研究发现，语用失误主要是由文化差异、语言结构差异、语义差异等因素引起的（张辉，1994；张新红，2000；孙亚、戴凌，2002）。

无论是对语用失误的界定、识别还是成因分析，上述研究其实都预设了以英语本族语者的语用规范作为参照标准。然而，在英语已经发展成为国际通用语的背景下，这样的标准已经不适应在全球发生的英语交际现状。事实上，二语学习者有时偏离英语本族语者的语用规范并非真正意义上的语用失误，因为这种偏离有时不是因为缺乏相关的语用知识，而是因为学习者坚持自身语用规范的文化认同取向所致（陈新仁、任育新，2008）。然而，迄今为止，尚无研究者关注英语作为国际通用语背景下的语用失误问题，而这正是本章的关切所在。

5.2.2　英语通用语的语用学研究

作为通用语的英语也已经引起了语用学界的关注，目前此类研究主要集中在交际策略、会话结构等方面。

在交际策略方面，研究指出，ELF 交际过程中合作性与竞争性并存（Wolfartsberger，2011），交际双方一般会故意躲避交际过程中存在的困难和误解（Pitzl，2005；Murray，2012），但如果某一信息对于当前的交际特别重要，交际者则会采取显性手段来标示问题源（Trouble Source）（Cogo & Dewey，2012）。出现分歧时，ELF 交际双方会采取有标记和无标记的手段来表示自己的不同观点（Angouri，2012）。总体来看，显性策略（Explicit Strategies）、理解核查（Comprehension Checks）、证实核查（Confirmation Checks）、请求澄清（Clarification Requests）等策略或者手段在 ELF 的会话交际中都比较常见（Björkman，2014）。

从会话结构来看，ELF 交际中经常出现本族语者交际中不常见的情况，如合作性重叠（Cooperative Overlap）、语码转换（Code Switching）（Cogo，2009；Hülmbauer，2009）等现象，话轮转换也经常不出现在话轮转换关联位置（TRP），话题突然转变的情况比较常见（Meierkord，2002）。此外，House（2003）发现，ELF 会话中交际者经常在话轮起始位置使用 and、but 等句首连词，却很少使用 yes、I see 等标示人际意义的结构。ELF 会话中的修正也有自己的特点，例如，Svennevig（2008）发现，ELF 中的修正一般紧随问题源，且都旨在解决听力和理解中的问题，与话语的可接受性无关。从修正的类型来看，容易威胁对方的面子需求的他人启动的修正（Other-Initiated Repair）出现的比例较高，其使用目的一般是保证信息的准确传递。也就是说，在 ELF 交际中，话语内容的清晰传达才是交际双方的首要任务。

可见，关于 ELF 的语用研究虽然已经有了不少重要的发现，但是在理论建构方面稍显不足，未能对新形势下的语用失误进行重新界定，不利于英语作为国际通用语的教学与交际的开展。因此，本章将尝试对 ELF 背景下的语用失误进行重新界定，并尝试勾勒出新形势下语用失误的主要类型，为已成为国际通用语的英语教学提供参考。

5.3　通用语背景下的语用失误新解

5.3.1　语用失误的重新界定

　　如前所述，随着全球化的进一步深入，英语已成为国际通用语，在世界经济、贸易、文化、教育等领域承担着极其重要的角色。英语不仅仅是英语本族语者自己的英语，已变成全世界所有说英语者的英语。英语的语言特征、社交规范等不应该再局限于英语本族语者的语言、社会、文化规范（Murray，2012），而应该日益体现其国际通用语的特征，"使用区域的多样性和多元化已成为英语使用的显著特征"（冉永平，2013：670）。尽管我们可以将语用失误区分为面向英语本族语者的失误（L1 vs. L2）与面向其他非英语本族语者的失误（L2 vs. L2），但是我们提倡基于相同的语用能力评估标准确定相应的语用失误识别标准。

　　在 ELF 背景下，我们将语用能力定义为恰当地传达交际意图、顺利实现交际目标的能力，体现为对各种社会性因素的考量（如礼貌、合作、同情、乐助、禁忌等）、语境敏感性程度（如场景的正式程度、参与人数、公共/私人场合、一般/紧急场合）、平等、宽容的心态、移情能力、适应能力、磋商能力等（陈新仁，2012；文秋芳，2012），这种意义上的语用能力带有很强的建构主义色彩（陈新仁，2014）。

　　相应的，在 ELF 背景下，我们将语用失误重新定义为跨文化交际者由于对当前语境下的显性或隐性社交语用因素的感知或表达不当而带来的交际问题或障碍，如交际目标或意愿的受挫、面子的伤害等。由此，语用失误的评判标准不再是英语本族语者的交际规则，而是一些普世的交际规则（如话轮转换、礼貌、合作等）、交际双方根据语境动态建构话语的能力、文化包容与适应的能力等。ELF 背景下的交际双方都有自己的社会价值体系，对英语本族语者的语言社交规范也有一定的了解，但不一定对对方的价值体系有很好的掌握。他们在交际过程中，无论是遵循其母语的社会文化规范，还是遵循英语本族语者的文化价值规范，都应该在交际过程中根据语境需求作出动态调整，否则，就属于 ELF 背景下的语用失误。

5.3.2　英语通用语背景下的语用失误的主要类型

在国际通用语背景下，影响交际成功进行的主要因素并不是语音语调、词汇句法等问题，而更多的出现在语用层面（Knapp，2011），特别是社交语用层面。据此，笔者基于社交语用维度，尝试归纳出 ELF 背景下英语交际中常见的语用失误类型。

（1）对交际场合正式程度、行事程序的感知失误

ELF 交际双方首先需要关注的问题是交际场合的正式程度以及其对应的行事程序，理解语体等社交因素对语言选择方面的要求。一般来说，场合越正式，交际双方的话语就应该越正式；反之亦然（魏玉燕，2001）。如果交际者使用了与语域文体不吻合的话语（如在正式场合使用了非正式的话语），那么就犯了语用失误。如果在正式场合使用了非正式话语，说话人会显得粗鲁、不礼貌、不尊重别人（Murray，2012）。

同时，我们还要关注不同场合的行事程序，按照其相应的要求行事。比如，在学术讲座这种比较正式的场合，主持人没有按照社会规约首先介绍报告人，没有遵照一般的程序行事，也属于语用失误的范畴。

（2）对彼此情感距离的感知与表达失误

ELF 交际中语用失误的另一个维度与交际双方对彼此情感距离的感知与表达有关。肖旭月（2003）指出，言语交际会受到情感距离的影响；情感距离越小，话语越直接；情感距离越大，话语越间接、越礼貌。ELF 交际同样受此规则制约。交际双方需要结合语境因素，对情感距离作出合适的判断，并据此产出适切的语言形式。在交际过程中，避免使用过于生硬的表达，也尽量避免给人留下套近乎的印象。

（3）对自己或对方交际目标、行事意愿等的感知失误

ELF 交际中的语用失误还涉及对彼此交际目标、行事意愿等的感知失误。参与 ELF 的交际双方拥有不同的母语文化背景，其结果很可能会是交际双方都基于自己的母语文化进行交际。在交际双方社会文化规则（如意图或意愿表达的直接或明晰程度）不一定共享的情况下，很容易会使对方误解自己的交际意图和行事意愿。此时，如果双方不能顺利表达自己或获取对方的交际目标或行事意愿，便会产生语用失误。

（4）对对方认同的价值观念、习俗等的冒犯

在 ELF 交际中，如果冒犯对方认同的价值观念、习俗等，也属语用失误的范畴。价值观念、习俗等是社会文化的重要组成部分。在 ELF 交际中，我们需要三种处理文化差异的能力：对文化差异的敏感性、对文化差异的宽容度以及处理文化差异的灵活性（文秋芳，2012）。如果学习者不能敏感觉察交际双方的文化价值差异，对文化差异持排斥态度的话，这很容易引发交际冲突。因此，在 ELF 交际中，交际双方需要认同对方的价值观、社会习俗等，并能在交际过程中作出动态调整。

总之，ELF 背景下的语用失误研究不再将语用规范性视作核心，交际者如何恰当地传达交际意图、顺利实现交际目标才是 ELF 背景下语用失误研究的关注重心。

5.4　通用语背景下的语用教学

（1）增强学生对交际语境正式程度、行事程序等的感知程度

语境，就是语言使用的环境，它决定了话语的形式、话语的适切性以及话语的意义（何兆熊、蒋艳梅，1997），对语言使用起着非常重要的作用。在全球化的今天，语境对 ELF 交际同样具有决定性作用。参与 ELF 的交际双方，需要根据语境因素来动态判定交际的正式程度。如果在正式语境中使用了非正式话语，会显得对对方不尊重；如果在非正式语境中使用了过于正式的话语，则会显得说话人难以让人接近。

（2）提升学生对情感、态度、交际目标、行事意愿等的判断能力，强化学生的移情意识

移情（Empathy）指交际双方情感相通，能设想和理解对方的用意，既涉及"说话人如何刻意对听话人袒露心声、表达用意"（何自然，1991：11），又涉及"听话人如何设身处地来理解说话人言谈的心态和意图"（同上）。这要求我们在英语教学过程中培养学生的移情意识，在话语产出时能考虑对方的文化价值观念、社交规则等，在理解对方话语时能做到宽容理解，继而从对方的角度考虑其交际的适切性。从很大程度上来说，ELF 交际的成功与语用移情的使用密不可分。

（3）强化学生跨文化交际发生前的"备课意识"和语用文化信息（如价值观念、习俗等）的搜集与消化能力

ELF 交际涉及不同母语背景的语言使用者。不同的国家、不同的社会和不同的文化，往往有不同的价值评判体系（何自然，1991），而我们不可能在课堂教学中涉及所有的相关知识。因此，我们在课堂教学中需要培养学生自我搜索相关文化知识背景信息的能力，培养学生跨文化交际的敏感性、宽容性和灵活性（文秋芳，2012）。在教学过程中，培养学生的"备课意识"，使学生能有意识地收集相关素材，对参与 ELF 交际的对方的文化价值观念、社会习俗等有一定的了解，从而能够更加有效地参与 ELF 交际。

（4）提升学生的英语表达、澄清、理解能力

ELF 交际中，参与者需具备一定的表达、澄清和理解的能力。如果表达能力过低，交际无法进行。但是，在交际过程中误解在所难免，此时就需要说话人具备一定的澄清信息的能力，在误解或者不理解发生时，参与人能够更加明确地说出自己的交际意图或者交际意愿。此外，还需要培养学生对非地道英语的适应能力。ELF 中的交际双方在语音语调、词汇句法等方面与英语本族语者有一定差距（Knapp，2011），但交际双方应该能够理解非本族语的语音变体（如听懂印度英语、日本英语等）（文秋芳，2012）、不太规范的用词及句法特征（Knapp，2011）。文秋芳（2012：78）指出，在 ELF 语境下，人们更多关注的是"学生在多大程度上能够运用所学的语言知识有效完成交际任务"。此时关注的中心不是说话人能够做到语音语调标准、说话流利、用词准确、语法错误少等，而是重点关注所产出的话语是否能够适切地表达自己的交际目标与行事意愿。

（5）增强学生善于观察、随机应变的变通能力、磋商能力、纠错能力

文秋芳（2012：80）指出，"语言教学的预期结果是获得在线生成恰当策略的能力"，即 ELF 交际背景下的语用能力。这要求学习者在 ELF 交际过程中要善于观察交际语境，并具备相应的变通能力、磋商能力和纠错能力。在英语教学中，不可能涉及所有的交际规则、社会习俗等，因此需要重点培养学生善于发现文化差异、培养他们能够据此动态管理自

己话语的能力，教会他们在发现对方的交际规则与自己的预期不一致时，如何作出及时的变通，能经过磋商发现对方的文化规约并据此对自己的话语进行适当调整。

5.5　结语

在全球化背景下，英语已经不再局限于母语使用者和非母语使用者之间，已经成为连接所有文化的桥梁，更多的情况发生在非母语使用者之间。英语承担着国际通用语的角色，成为国际政治、经济、文化、贸易、教育等各领域的默认交际媒介，几乎是全球所有国家之间交流所依赖的工具。在此背景下，如何规划英语教学以适应英语作为国际通用语的现状，是广大教育工作者亟须关注的话题。

本章认为，在 ELF 交际中，语音语调、句法词汇等维度是否贴近英语本族语者已经不再是衡量英语交际成功与否的主要标准，语用方式是否贴近英语本族语者的表现同样也不是衡量标准。无论是与英语本族语者还是其他非本族语者使用英语进行交流时，话语表达的可理解性、适切性和可接受性才是真正的衡量标准。话语一旦不合适、不可理解、不可接受，则会产生语用失误，容易导致交际误解和交际冲突。本章提出的 ELF 背景下的语用失误，指跨文化交际者由于对当前语境下的显性或隐性社交语用因素的感知或表达不当而带来的交际问题或障碍，如交际目标或意愿的受挫、面子的伤害等，其主要失误类型包括对交际场合正式程度、行事程序的感知失误，对彼此情感距离的感知与表达失误，对彼此交际目标、行事意愿等的感知或表达失误，对对方认同的价值观念、习俗等的冒犯等四大类。笔者针对上述 ELF 背景下可能发生的语用失误就语用教学提出了一些看法。

由于学界对 ELF 本身尚有较大争议，文献中对 ELF 语境下的语用失误鲜有涉及，加之笔者在 ELF 交际方面经验欠缺，文中谬误在所难免，希望专家、读者多多批评指正，共同推进 ELF 背景下语用失误研究的进一步深入。

第 6 章

国内外语用能力研究特点与趋势
对比分析

如前面几章所述，语用能力是语用学研究的重要组成部分，且近年来一直属于热点话题。那么，目前国内外的语用能力研究有什么特点？本章基于 CiteSpace 这一文献计量学软件，对 2006—2015 年国内外核心期刊中语用能力研究的特点与趋势进行对比分析，呈现国内外语用能力研究的宏观图景。

6.1 导言

语用能力，指"具体交际情景下合适、得体使用语言的能力"（陈新仁，2014：1）。作为交际能力的重要组成部分（Canale & Swain，1980；Canale，1983；Bachman，1990），语用能力对外语乃至母语学习的重要性受到了越来越多的关注（季佩英、江静，2010；潘涌，2012），语用能力也因此成为语用学、二语习得，特别是语际语用学研究的重要议题（何春燕，2012），更已成为外语教学的重要目标（何自然，1997；陈新仁，2014）。我国语用学研究始于北京大学胡壮麟先生 1980 年发表在《国外语言学》（后易名为"当代语言学"）上的"语用学"一文，之后发展迅速，现已成为国内语言学研究的重要组成部分（王立非、江进林，2011）。尽管我国语用学研究一开始就注重将语用学理论应用到外语学习和教学中（何自然，1988），但第一篇关于语用能力的论文却发表于 1986

年，是我国语用学主要奠基人何自然教授与阎庄先生合写的"中国学生在英语交际中的语用失误——汉英语用差异调查"一文（何自然、阎庄，1986），比语用学在我国的诞生整整晚了六年。从现有文献看，目前国内对语用能力研究的梳理主要是"向外"，即重点关注国外的语用能力现状（如何春燕，2012；卢加伟，2013；黄玮莹、李忻洳，2016），对国内语用能力进行系统梳理的研究比较少见（如陈新仁、李民，2006），且鲜有研究将国内外的语用能力研究进行对比，发现异同，这不利于揭示我国语用能力研究的特点与不足，不能更好地引导我国语用能力研究的发展。本着不忘本来、吸收外来、面向未来的精神，本章以国内 CSSCI 源刊和国外 SSCI 及 A&HCI 源刊中发表的语用能力论文为分析对象，利用 CiteSpace 这一文献计量学软件，从发文和引文两个维度，对比分析我国与国际期刊在语用能力研究上的异同，梳理语用能力研究发展脉络，归纳研究议题，呈现国内外语用能力研究的特点与趋势，从而更好地指导我国语用能力研究，助推我国语用能力研究的国际化进程。

　　本章所用的国内 CSSCI 源刊（下称"国内核心期刊"）中发表的语用能力研究，检索于中国社会科学引文索引（http：//cssci. nju. edu. cn）[①]，其检索方式为将篇名（词）或关键词限定为"语用能力"，发文年代限定为"2006—2015 年"[②]，学科类别限定为"语言学"，共产出符合条件的数据 57 条。国外语用学论文检索于 Web of Science（http：//apps. webofknowledge. com），本章将数据来源限定于"核心集刊"（Core Collection）中的 SSCI 和 A&HCI 期刊（下称"国际核心期刊"），所采用的检索方式为基本检索（Basic Search），将主题（Topic）或标题（Title）限定为"语用能力"（Pragmatic Competence），时间跨距限定为"2006—2015 年"（2006 年为北京外国语大学图书馆所提供的该数据库的最早检索时间），共产出符合条件的数据 356 条。数据处理过程中所采用的工具

---

　　①　中文数据源于中国社会科学引文索引网站而非更为常见的中国知网（CNKI），其原因在于 CiteSpace 从中国知网抓取的数据中不含引文信息，无法对语用能力研究中经常引用的作者、刊物、论文、书籍等进行分析。

　　②　该网站最早可检索至 1998 年文献，但为与国外部分对应，故将起始年份定为 2006 年。

为文献计量学软件 CiteSpace 5.0.R2.SE[①]，主要使用了作者（Author）、机构（Institution）、国家（Country）、术语（Term）、关键词（Keyword）、共被引文献（Cited Reference）、共被引作者（Cited Author）、共被引刊物或书籍（Cited Journal）等功能[②]。

6.2 发文情况分析

6.2.1 年度发文情况

某一领域的总发文情况，体现了该领域研究的活跃程度，是判断某一研究领域成熟程度的重要标志。从图 6-1 可以看出，国际核心期刊中

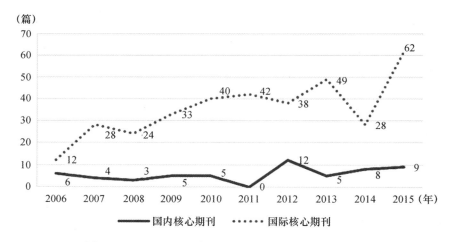

图 6-1 2006—2015 年国内外核心期刊年度发文情况

① CiteSpace 是美国德雷塞尔大学计算机与情报学学院陈超美教授研发的一款文献计量学软件，该软件除传统数据汇报方式外，最为突出的特点是其可视化数据呈现模式。本章以数据呈现的有效性为最终标准，并考虑所占篇幅因素，没有刻意追求数据的可视化，特此说明。该软件的具体介绍可参见李杰、陈超美（2016）。

② "Cited Reference" 旨在分析某一领域中特定文献的被引频次，所分析的对象既可以是某一篇论文，也可能是某一著作，本章将之译为 "共被引文献"。"Cited Journal" 旨在分析某一领域特定期刊或书籍的被引频次，但不分析某一论文的被引情况，为更加清晰表明分析对象，本章将之译为 "共被引刊物或书籍"。

的语用能力发文增速较快，2006 年仅有 12 篇，2007 年便增至 28 篇，2010 年又升至 40 篇，2015 年更是激增至 62 篇。这说明尽管二语语用能力研究时间不长（戴炜栋、陈莉萍，2005；何春燕，2012），但总体上升趋势明显（除 2014 年下降外），已成为语用学领域中较为活跃的议题之一。

反观我国的语用能力研究，多年来一直在 5 篇左右徘徊，发文量总体平稳；发文量最高的是 2012 年，共 12 篇，是语用能力研究的峰值。由此可以看出，我国的语用能力研究还相对滞后（戴炜栋、杨仙菊，2005；卢加伟，2013），但发展潜力巨大，还有很大的研究空间。

6.2.2　作者发文情况

就个体而言，国内外学者总发文量差别不大，每人发文 2—4 篇，具体见表 6 - 1。但美国卡内基梅隆大学的 Naoko Taguchi 教授例外，她在此期间的发文量高达 8 篇，是国际上该研究领域发文最多的学者，其研究议题主要涉及二语语用能力发展及其影响因素，研究方向明确，成果突出。

就国内核心期刊而言，2006—2015 年间在 CSSCI 发文量较高的主要有姜占好、刘建达、李民等。总体而言，表 6 - 1 显示我国语用能力研究者具有以下特点：（1）从年龄结构看，研究者以"60 后"和"70 后"为主（如刘建达、陈新仁、冉永平等），"80 后"在语用能力研究方面也崭露头角（如黄玮莹等）；（2）从研究议题看，目前我国语用学研究者既解析了语用能力的概念及其分析维度（如陈新仁，2014；冉永平、杨青，2015），也采用实证的研究方法调查了我国英语学习者的语用能力水平（如李民、陈新仁，2007b；卢加伟，2010），在语用测试方面也进行了较为细致的研究（如刘建达，2006，2007；黄玮莹、李忻洳，2016）；（3）从所涉语种看，目前关于语用能力的研究者主要集中在英语方面，其他语种研究者较少，对非通用语种学习者语用能力的考察相对滞后。

表 6-1　　　　　　　　国内外核心期刊中语用能力作者发文情况

国内核心期刊		国际核心期刊	
作者	发文量（篇）	作者	发文量（篇）
姜占好	4	Naoko Taguchi	8
刘建达	3	Elly Ifantidou	4
李民	3	Carsten Roever	4
陈新仁	2	Thi T. M. Nguyen	4
冉永平	2	Remi A. van Compernolle	4
卢加伟	2	Juan M. Moreno-Manso	4
王宏军	2	Megan M. Saylor	3
黄玮莹	2	Yuh-Fang Chang	3
肖雁	2	Napoleon Katsos	3

从国际核心期刊分析，2006—2015 年间发文量较高的作者主要有 Naoko Taguchi、Elly Ifantidou、Carsten Roever 等。经文本挖掘显示，相对于我国研究者，国际期刊作者所讨论的议题比较丰富，涉及二语/外语语用能力发展（如 Taguchi，2007，2008，2011a）、语用能力教学（如 Nguyen，2012）、语用能力发展的影响因素（如 Taguchi，2008，2011b，2011c，2012；Chang，2009）、语用能力测试（如 Roever，2011；van Compernolle & Kinginger，2013）、文体语用能力（如 Ifantidou，2011）、儿童语用能力发展（如 Saylor & Ganea，2007；Manso *et al.*，2010）、临床语用能力诊断（如 Reetzke，Zou & Katsos，2015）。其中，文体语用能力、儿童语用能力发展，特别是临床语用能力诊断等研究议题尚未引起我国研究者的充分重视，值得我国研究者关注。另外需要特别提及的是，我国台湾地区国立中兴大学的张玉芳（Yu-Fang Chang）教授在语用能力研究方面成绩突出，总发文量进入世界前十（并列第七）。

6.2.3　机构发文情况

从发文机构分析（表 6-2），国内的语用能力研究主要集中在广东外语外贸大学、上海外国语大学、江苏大学等机构。这些发文量较高的机构，既包含传统科研强校（如广东外语外贸大学），也包括新兴院校（如江苏大学）；既包括外语类高校（如上海外国语大学），也包括综合类高校（如南京大学），还包括理工类高校（如东华理工大学）。

表 6 - 2　2006—2015 年国内外核心期刊中语用能力研究机构发文情况

国内核心期刊		国际核心期刊	
单位	发文量（篇）	单位	发文量（篇）
广东外语外贸大学	5	Carnegie Mellon University	12
上海外国语大学	3	Radboud University Nijmegen	6
江苏大学	3	University of Extremadura	6
中南大学	3	The University of Athens	6
南京大学	2	University of Cambridge	6
东华理工大学	2	University of Illinois	6
山东工商学院	2	University of Manchester	5
同济大学	2	University of Oxford	5
武汉大学	2	The University of Melbourne	5
西安外国语大学	2	Griffith University	5
西南大学	2	University of London	5

从国外的情况看，2006—2015 年间发文量较高的机构有 Carnegie Mellon University、Radboud University Nijmegen、University of Extremadura 等。这些发文量较高的研究机构，英国有四所，美国和澳大利亚各两所，荷兰、西班牙和希腊各一所。从中可以看出，国际范围内，发文量靠前的机构仍然主要集中于英、美等国家；作为语用学研究中欧洲大陆学派的根据地，荷兰在语用能力研究方面也发挥着重要作用；此外，西班牙、希腊等欧洲国家近年来语用能力研究发展也比较迅速。国际范围内的语用能力研究图谱可进一步参考图 6 - 2。

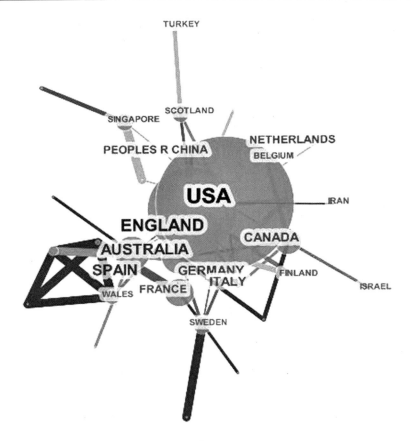

图 6 - 2　2006—2015 年国际核心期刊中语用能力研究国家发文情况

总体来看（图 6 - 2），2006—2015 年间美国在语用能力研究领域发文最多（112 篇），英国（45 篇）、澳大利亚（28 篇）、西班牙（28 篇）、德国（15 篇）、加拿大（14 篇）等国家总体发文量也比较多，中国大陆地区（不含台湾地区）、新加坡、土耳其等国家也增速明显。其中，中国以 10 篇的总发文量与法国并列第八。

6.2.4　主题发文情况分析

主题体现了某一研究领域的热点和主要研究议题，其丰富程度是学科繁荣的重要标志。从表 6 - 3 可以看出，我国语用学研究的议题相对比较分散，主要涉及：（1）语用能力的界定及其发展，含"语用失误"

"语际语用能力""外语学习""二语习得""中介语"等主题；（2）语用能力教学，如"语用教学"；（3）语用能力发展的影响因素，如"语言水平"等主题；（4）语用能力的测评，如"语用评估"等主题；（5）言语行为能力的发展，如"言语行为"。

表 6 – 3　2006—2015 年国内外核心期刊中语用能力研究主题词分布情况

国内核心期刊			国际核心期刊		
主题词	频次	年份	主题词	频次	年份
语用能力	36	1998	competence	70	2006
语用教学	4	2003	language	51	2007
语用失误	3	1999	pragmatics	46	2007
外语学习	2	2000	English	34	2006
二语习得	2	2000	children	32	2006
语言水平	2	2003	acquisition	30	2006
中介语	2	2006	pragmatic competence	26	2007
语用评估	2	2006	discourse	25	2006
语际语用能力	2	2012	learner	25	2008
言语行为	2	2002	communication	21	2007
语用学	2	1998	speech act	20	2008

相对而言，同时期国外语用能力研究的议题则相对集中，所涉议题包括：（1）语用能力的发展，如 competence、acquisition、pragmatic competence 等主题；（2）言语行为能力的发展，如 speech act；（3）儿童语用能力发展，如 children；（4）语篇语用能力，如 discourse。

将归类后的主题进行对比，可发现国内外研究对语用能力发展，特别是特定言语行为能力的发展这两大议题均比较关注，这是国内外语用能力研究的相同之处。其不同之处在于，我国对语用能力教学、语用能力测评以及语用能力发展影响因素等议题的关注程度高于国外研究，但在儿童语用能力发展、语篇语用能力研究等议题上则显著低于国外期刊。这从一个侧面佐证了何自然教授关于我国语用学研究从一开始就关注语用教学的论断（何自然，1988）。

6.3   引文情况分析

6.3.1   作者被引

作者被引情况，体现了该领域研究的引领者和高影响力者，我们根据这些研究者的主要研究领域还可进一步衍推相关的研究热点。从表6－4可以看出，国内核心期刊论文中被引频次较高的学者主要有 Gabriele Kasper、何自然、Kathleen Bardovi-Harlig 等，可归入以下几类：（1）语际语用学的发起者和引领者，如 Gabriele Kasper、Kenneth R. Rose、Kathleen Bardovi-Harlig 等；（2）将语用学分为语用语言学和社交语用学的 Geoffrey Leech 以及据此将语用能力分为语用语言能力和社交语用能力的 Jenny Thomas；（3）二语习得研究专家，如 Rod Ellis；（4）国际语言测试专家 Lyle F. Bachman；（5）国内语用能力乃至语用学研究的主要推动者，如何自然、冉永平、洪岗、戴炜栋教授等，其中何自然教授是我国语用学研究的主要奠基人，洪岗教授是我国语用能力研究的早期助推者之一，冉永平教授近年来在语用能力概念架构方面也取得了不俗的成绩。可以看出，对我国语用能力产生重要影响的，除语际语用学方面的专家外，还有语言测试、二语习得等领域的研究者。

表 6 - 4   2006—2015 年国内外核心期刊中高被引作者情况

国内核心期刊		国际核心期刊	
作者	被引次数	作者	被引次数
Gabriele Kasper	26	Gabriele Kasper	121
何自然	20	Kathleen Bardovi-Harlig	79
Kenneth R. Rose	19	Shoshana Blum-Kulka	58
Kathleen Bardovi-Harlig	17	Penelope Brown	58
Jenny Thomas	16	Kenneth R. Rose	53
Lyle F. Bachman	15	Andrew D. Cohen	46
Geoffrey Leech	14	Juliane House	43
冉永平	12	Herbert P. Grice	42

国内核心期刊		国际核心期刊	
作者	被引次数	作者	被引次数
Rod Ellis	12	Richard W. Schmidt	42
洪岗	11	Naoko Taguchi	38
戴炜栋	10	Rod Ellis	35
Anna Barron	9	Jenny Thomas	33

国际核心期刊中引用率较高的主要有 Gabriele Kasper、Kathleen Bardovi-Harlig、Shoshana Blum-Kulka 等学者。按其主要研究方向，高被引作者可分为三类：（1）语际语用学领域的引领者和主要实践者，如 Gabriele Kasper、Kathleen Bardovi-Harlig、Shoshana Blum-Kulka、Kenneth R. Rose、Juliane House、Naoko Taguchi、Jenny Thomas 等；（2）语用学理论研究方面的领军人物，如 Penelope Brown、Herbert P. Grice 等；（3）二语习得研究领域的代表性人物，如 Andrew D. Cohen、Richard W. Schmidt、Rod Ellis 等。

从对比的角度来看，国内外核心期刊中共同的高被引作者有 Gabriele Kasper、Kathleen Bardovi-Harlig、Kenneth R. Rose、Jenny Thomas 等，均属语用能力研究领域的领军人物，其中 Gabriele Kasper 可被视作语际语用学的主要开创者。不同之处在于，我国国内核心期刊还引用到了主要从事语言测试方面的 Lyle F. Bachman，而国际核心期刊对此研究者的引用则相对较低，这说明语用测试研究可视为该时段我国的一个研究特色。国际核心期刊论文对 Shoshana Blum-Kulka、Juliane House、Naoko Taguchi 等语用能力研究者的引用也比较多。此外，国际核心期刊论文对 Herbert W. Grice 和 Penelope Brown 的引用也比较高，其原因主要在于国外对会话含意习得的研究比较多①。因此，对会话含意的获取这一语用能力的研究，可视为国外研究的一大特点，而国内对此议题的关注一直不足。

---

① 会话含意是 Herbert W. Grice 提出的概念，而会话含意产生的原因之一，是为了顾及听话人的面子、使说话人自己的话语显得礼貌。因此，面子理论的主要提出者 Penelope Brown 亦与此有关。当然，Penelope Brown 较高的被引频次，表明她还有其他方面的研究被引用。

6.3.2　刊物或书籍被引

国内核心期刊中语用能力论文引用较高的刊物或书籍主要包括 *Applied Linguistics*、《外语教学与研究》、*Language Learning* 等刊物或者书籍（表 6 - 5）。综合来看，国内语用能力研究引用量较高的刊物或书籍主要集中在以下几个领域：（1）应用语言学类，如 *Applied Linguistics*、*Language Learning*、《语用学与英语学习》等；（2）测试类，如 *Fundamental Considerations in Language Testing*；（3）其他类①，如 *Principles of Pragmatics*、《外语教学与研究》《外语界》等。

表 6 - 5　　2006—2015 年国内外核心期刊中高被引书籍或刊物情况

类别		国内核心期刊	国际核心期刊
应用语言学类	书籍	*Pragmatic Development in a Second Language*（12）②；*Pragmatics in Language Teaching*（12）；《语用学与英语学习》（9）	*Pragmatics and Language Learning*（77）；*Interlanguage Pragmatics*（55）
	刊物	*Applied Linguistics*（25）；*Language Learning*（17）；*Studies in Second Language Acquisition*（13）；*TESOL Quarterly*（11）	*Applied Linguistics*（96）；*Language Learning*（85）；*Studies in Second Language Acquisition*（68）；*The Modern Language Journal*（68）；*TESOL Quarterly*（63）
测试类	书籍	*Fundamental Considerations in Language Testing*（11）	
跨文化类	刊物		*Intercultural Pragmatics*（49）

①　刊物或书籍大多具有明显的研究取向，如 *Applied Linguistics* 一般刊发应用语言学类研究，理论语言学类研究发文量则相对较少。鉴于此种认识，本章对刊物或书籍进行了归类处理。但有些刊物或书籍（如 *Journal of Pragmatics*）的研究或发文取向并不明显，故将之归入其他类。需要说明的是，尽管刊物和书籍有研究取向，但并不代表对其他类别无涉及，正如 *Applied Linguistics* 上也可能刊发偏理论思考的文章一样。

②　括号内为共被引频次；下同，不再赘述。

续表

类别		国内核心期刊	国际核心期刊
儿童语用 能力发展	刊物		*Child Development*（56）；*British Journal of Developmental Psychology*（45）；*Journal of Child Psychology and Psychiatry*（44）；*Cognition*（43）；*Journal of Child Language*（42）
其他类	书籍	*Principles of Pragmatics*（11）	*Politeness：Some Universals in Language Usage*（46）
	刊物	*Journal of Pragmatics*（11）；《外语教学与研究》（22）；《外语界》（14）；《外语与外语教学》（11）；《外语学刊》（12）；《外语教学》（11）；《现代外语》（9）	*Journal of Pragmatics*（124）；*Pragmatics*（50）

　　国际核心刊物中语用能力论文引用较高的刊物或书籍主要包括 *Journal of Pragmatics*、*Applied Linguistics*、*Language Learning*、*Studies in Second Language Acquisition* 等。这些刊物或书籍可分为以下四类：（1）应用语言学类，如 *Applied Linguistics*、*Language Learning*、*Interlanguage Pragmatics* 等；（2）跨文化类，如 *Intercultural Pragmatics*；（3）儿童语用能力发展类，如 *Child Development*、*British Journal of Developmental Psychology*、*Journal of Child Psychology and Psychiatry* 等；（4）其他类，如 *Politeness：Some Universals in Language Usage*、*Journal of Pragmatics*、*Pragmatics* 等。

　　从对比的角度来看，国内外核心期刊中对应用语言学类和其他类文献均有涉及；但国内核心期刊还引用了测试类文献，国外对此类文献的引用率则相对较低；此外，国外文献还涉及跨文化和儿童语用能力发展这两类文献，而国内期刊中的论文对此引用较少。

6.3.3　文献被引

　　国内核心期刊引用较高的文献包括 Taguchi（2011c），季佩英、江静（2010），刘建达（2006），冉永平（2004，2013）等，具体见表 6-6。

从这些研究所涉的主题来看，这些文献可归为以下五类：（1）理论探讨类，如冉永平（2004，2013），陈新仁、王玉丹（2012）；（2）语用能力水平研究类，如 Bardovi-Harlig（2009），李民、陈新仁（2007b）；（3）语用能力发展的影响因素，如 Taguchi（2011c）；（4）语用能力教学类，如季佩英、江静（2010），戴炜栋、杨仙菊（2005）；（5）语用能力测试类，如 Roever（2006），刘建达（2006），姜占好、周保国（2012）。

表 6 - 6   2006—2015 年国内外核心期刊中高被引文献情况

国内核心期刊高被引文献	国际核心期刊高被引文献
The effect of L2 proficiency and study-abroad experience in pragmatic comprehension（Taguchi 2011c）	*Pragmatic Development in a Second Language*（Kasper & Rose, 2002）
对大学英语语用能力培养的再思考——以 2010 年首届"外教社杯"全国大学英语教学大赛上海赛区比赛为例（季佩英、江静，2010）	*Acquisition of requests and apologies in Spanish and French：Impact of study abroad and strategy-building intervention*（Cohen & Shively, 2007）
中国学生英语语用能力的测试（刘建达，2006）	*Context，Individual Differences，and Pragmatic Competence*（Taguchi, 2012）
语用学与二语习得交叉研究的新成果——《第二语言中的语用发展》（冉永平，2004）	*Development of speed and accuracy in pragmatic comprehension in English as a foreign language*（Taguchi, 2007）
第二语言语用习得的课堂教学模式（戴炜栋、杨仙菊，2005）	*Interlanguage Pragmatic Development：The Study Abroad Context*（Schauer, 2009）
Conventional expressions as a pragmalinguistic resource：Recognition and production of conventional expressions in L2 pragmatics（Bardovi-Harlig, 2009）	*Teaching and Learning Pragmatics：Where Language and Culture Meet*（Ishihara & Cohen, 2010）
多元语境下英语研究的语用关注（冉永平，2013）	*Effects of L2 instruction on interlanguage pragmatic development：A meta-analysis*（Jeon & Kaya, 2006）

续表

国内核心期刊高被引文献	国际核心期刊高被引文献
关于全球化背景下通用语英语的交际思考（陈新仁、王玉丹，2012）	*Cognition，language contact，and development of pragmatic comprehension in a study-abroad context*（Taguchi，2008）
中国英语专业学生语法/语用意识程度及其能力调查（李民、陈新仁，2007b）	*Discourse options and the development of pragmatic competence by classroom learners of German：The case of address forms*（Belz & Kinginger，2003）
学习者语用能力评估研究（姜占好、周保国，2012）	*Acquisition in Interlanguage Pragmatics*（Barron，2003）
Validation of a web-based test of ESL pragmalinguistics（Roever，2006）	*Sociocultural Theory and the Genesis of Second Language Development*（Lantolf & Thorne，2006）

　　国际核心期刊中引用量较多的文献主要有 Kasper & Rose（2002）、Cohen & Shively（2007）、Taguchi（2007，2008，2012）、Schauer（2009）等。按议题，国外引用率较高的文献主要包括：（1）语用能力水平研究类，如 Kasper & Rose（2002）、Barron（2003）、Belz & Kinginger（2003）、Lantolf & Thorne（2006）等；（2）语用能力发展的影响因素，如 Cohen & Shively（2007）、Taguchi（2008，2012）、Schauer（2009）等；（3）语用能力教学类，如 Jeon & Kaya（2006）、Ishihara & Cohen（2010）。

　　从对比的角度看，我国语用学研究所引文献与国际研究都涉及语用能力水平研究、语用能力发展的影响因素以及语用能力教学这三类文献；但除此之外，我国的语用能力研究还涉及语用能力的理论性讨论和语用能力测试这两类议题，国外研究对这两个方面的讨论则相对较少。

6.4　结语与展望

如从 1980 年语用学被引进中国算起，语用学在我国已有近 40 年的研究历史；如从何自然、阎庄（1986）这一最早的语用能力文献算起，语用能力研究在我国也已有 30 个年头。在这 30 年间，国外的语用能力研究发展迅速，不论是发文数量还是所涉的研究议题，都获得了较大发展；而我国的语用能力研究，近十年来发文量一直在低位徘徊，既与我国作为外语教育与研究的大国身份不符，也与我国注重将语用学理论应用于教学实践的传统不相匹配。鉴于语用能力对二语学习的重要作用以及我国目前的研究现状，语用能力研究在我国的发展任重道远。结合本章所得的研究发现及作者的研究经验，笔者认为我国的语用学研究在以下六方面有待进一步突破。

（1）语用能力分析框架研究。语用能力的分析框架，是语用能力研究的基础，也是一切语用能力研究的逻辑原点。现有关于语用能力的研究，多从 Thomas（1983）提出的语用语言能力和社交语用能力两个维度进行分析（李民、肖雁，2012）。但随着语用学研究的发展，这一二分法是否仍然适合当下的语用能力研究值得商榷。比如，认知语用能力是否应该被纳入语用能力的范畴？语用能力是否应包含产出和理解语体的能力？语用能力各分析维度之间有何内在逻辑联系？这些问题都有待于深入探讨和科学论证。值得欣喜的是，陈新仁、李民、冉永平、杨青等国内学者已开始注意到这一问题，并进行了一定的探讨，但要形成统一的思想并有效指导具体的教学与研究实践仍需进一步论证和探索。

（2）语用能力发展的历时研究。囿于时间、精力等因素，现有关于二语学习者语用能力发展的研究多为横断面研究，历时研究尚不多见。如在科学规划与统揽设计的基础上，从历时的视角发现我国外语学习者语用能力的发展特征，不仅是在方法论上的重大突破，所得结果也更能体现语用能力的发展路径。这需要打破历时研究费时耗力、难出成果的思维定式。笔者认为，如规划得当，历时研究的成果总量并不低。例如，美国卡内基梅隆大学的 Naoko Taguchi 教授，利用在日本工作一年的机会，对同一批受试的语用能力发展进行了全面考察，在 *Modern Language Journal*、*Language Learning* 等国际核心期刊发表论文 5 篇：第一篇研究语言水平和在目的国居住时间对语用产出的影响（Taguchi，2011b）；第二篇研究语言水平和在目的国居住时间对语用理解的影响（Taguchi，2011c）；第三篇研究语言水平和在目的国居住时间对程式语（Routines）使用的影响（Taguchi，2013a）；第四篇考察学习者个体差异对语用能力发展的影响（Taguchi，2013b）；第五篇论文基于动态系统理论探讨了语用能力发展的动态性和多样性特征（Taguchi，2011a）。相关研究成果成为其 2012 年专著的主体组成部分（Taguchi，2012），成为该系列研究的第六个科研成果。

（3）语用能力发展的系统性研究。语用能力发展受到语言水平、性格、知识输入方式、课堂教学模式、在目的国居住时间、学生的个体认知特征等多种因素制约（Bardovi-Harlig，2001；Xu *et al.*，2009；戴炜栋、陈莉萍，2005；李民、陈新仁、肖雁，2009；卢加伟，2010，2013；刘建达、黄玮莹，2012），但现有研究大多集中讨论其中的一个因素，综合各种因素勾勒二语语用能力发展宏观图景的研究尚不多见。在这方面，Taguchi（2011a；2012）值得借鉴。

（4）语用能力的测试研究。要研究语用能力，离不开语用能力的测试研究，否则无法确定语用能力水平，更无法为外语教学提供有效的指导或建议。国外对语用能力测试的研究相对较多（如 Hudson *et al.*，1992，1995；Enochs & Yoshitake-Strain，1999；Taguchi，2009，2011d），但该议题一直没有引起国内学者的充分关注（刘建达，2006；黄玮莹、李忻洳，2016）。近年来虽有发展，但集中于广东外语外贸大学刘建达教授及其指导的（博士）研究生团队，有待于进一步发展壮大。

（5）语用能力的教学研究。课堂是学生语用知识输入的主要来源（Kasper & Rose，2002），但现有研究对课堂语用教学的考察相对不足，主要体现在三个方面：一是对语用教学方式的研究不足（如显性/隐性教学）（Tateyama，2001；Yoshimi，2001）；二是对语用教学内容的探讨不足（如教材中的语用信息、教学过程中的语用知识输入）（Ren & Han，2016；肖雁、李民，2016）；三是对语用教学的实施主体——教师的语用能力研究不足（季佩英、江静，2010）。探讨二语语用能力发展，不能仅关注学习者，还要考虑教学材料、教学方法、教师知识结构等因素的影响。

（6）语用能力的研究方法。综合来看，我国语用能力研究所采用的研究方法已比较齐全，包括实验法、问卷法、语料库法等（何春燕，2012）。但语用能力研究属语用学和二语习得的界面研究，需要其研究者不仅要懂得一定的语用学知识，还要对二语习得的研究方法有比较好的把握，这对语用能力研究者是一大挑战。纵观我国语用能力研究，除理性思辨外，还需要在实验设计的科学性、调查问卷的有效性、语料选择的代表性以及语料规模等方面进一步提升。此外，个案法虽存在历时较长、数据不易收集等因素，但该研究方法能揭示定量研究不易发现的特征，对数据的挖掘更真实、更深入、更全面、更细致（王璐璐、戴炜栋，2014），也值得引起语用能力研究者的关注。

此外，儿童语用能力发展、不同文体中语用能力的发展等议题，也值得我国研究者注意。需要指出的是，本章在数据收集过程中，为确保文献的精确性和代表性，提取的是主题或摘要中含"语用能力"这一术语的文献。但这一提取方式过于严苛，难免将部分应归入语用能力研究但主题或摘要中并未含有"语用能力"字眼的研究排除在外（如李民、陈新仁，2013）。这一数据收集过程的缺陷有待在未来研究中克服。

第 7 章

二语课堂语用知识输入与语用能力
发展关系研究*

既然语用能力是交际能力的重要组成部分，对二语学习的成功与否具有重要影响。那么，语用能力是否可教？课堂语用知识输入对语用能力发展是否有作用？本章通过问卷调查的方式，考察语用知识输入与语用能力发展之间的关系问题。

7.1 引言

外语教学过程中的输入问题一直是教学研究的重心之一，其中以Krashen（1981）的"输入假设（Input Hypothesis）"［又称"可理解输入假设（Comprehensible Input Hypothesis）"］影响最广。该假设认为，"在第二语言或外语学习中，要使语言习得得以发生，有必要让学习者理解的输入语言包含稍高于其现有语言能力的语言项目。学习者利用情景提示理解这些语言，最后能很自然地出现产生语言的能力，而无须直接传授"（Richards *et al.*，1998：228）。从语言学的基本架构来看，输入既应该包括语音、形态、词汇、句法、语义等层面的内容，也应该包括语用方面的知识。从现有文献来看，目前学界对语音（Gass *et al.*，1999；陈桦、孙欣平，2010）、词汇（Rott，2007；刘丹丹，2013）、句法（Lee，

* 本章原文发表于《山东外语教学》2016 年第 4 期（肖雁、李民，2016），本书作了适当修改。

2007；王峰、刘婷，2014）、语义（Csomay & Petrovic，2012；范烨，2014）等层面的语言输入均有涉及，也有部分研究讨论了输入方式（刘建达、许艺，2014）、输入频次（周丹丹，2006）对二语习得的影响，但是讨论语用知识或者语用信息输入的研究则非常少见（Kasper & Rose，2002）。

　　语用知识的输入是培养学生语言能力的重要手段。Bachman（1990）认为，语言能力主要由组织能力和语用能力构成，要培养学生的语言能力，离不开学生语用能力的提升，而语用能力的提升又与语用知识的输入密切相关（Kasper，2001）。但遗憾的是，现有关于语用能力的研究主要集中在言语行为的实施（如请求、道歉、感激、拒绝等）、话语标记语的理解与使用、会话含意的获取与推导、语用意识程度、语用能力水平、语用能力与语法能力之间的关系等方面（李民，2011），对课堂语用知识输入的研究相对不足（Kasper & Rose，2002）。鉴于此，本章以英语专业和非英语专业学习者为受试，采用封闭式和开放式调查问卷相结合的方法，考察课堂语用知识输入对语用能力发展的影响。本研究不仅能够弥补语言输入研究中语用知识讨论匮乏的不足，而且能够进一步揭示当前我国英语教学中语用知识的输入现状及其对语用能力发展的影响，给外语教学与研究提供一定的参考。

7.2　研究背景

　　语言输入对二语学习者语音、词汇、句法、语义等层面的习得均有重要影响。就语音习得而言，尽管重复输入或者重复操练可以提高二语学习者的口语流利度和准确度（Gass et al.，1999），但输入频次本身对韵律特征习得的影响不大，应该关注输入的质量和显性教学的指导（陈桦、孙欣平，2010）。从词汇层面来看，适当的输入增显（如黑体或下划线）有利于二语词汇习得（Rott，2007；周榕、吕丽珊，2010），但在输入过程中应注意输入的时机与技巧。比如刘丹丹（2013）研究发现，相对于阅读过程中的输入强化，阅读前和阅读后强化方式的输入更有利于习得的发生。从句法层面来看，研究总体发现强化语言输入对句法条目的习得具有积极作用（Lee，2007；王峰、刘婷，2014），但学习者个体差异对句法层面输入的效果会产生较大影响（Pulido & Hambrick，2008）。从语义的层面来看，合适的输入方式同样有助于词汇意义的习得（Csomay & Petrovic，2012；范烨，2014）。综合来看，尽管学习者个体差异会对输入效果产生影响，但大部分研究均发现语言输入特别是输入强化，对二语习得具有重要影响。

还有研究讨论了二语学习中的语用输入问题。尽管仍有少数学者对语用能力的可教性存在疑问（如许焕荣、李学珍，2003），但大部分调查均证实合适的教学输入有利于学习者语用能力的发展。例如，Liddicoat & Crozet（2001）运用干预性输入方法对澳大利亚学生习得法语应对程式语展开研究。结果显示，学习者在训练后不论在内容还是语言特征上都更接近于目的语表达规范，因此证明了教学输入对语用能力发展的巨大促进作用。在承认语用知识输入重要性的基础上，还有不少学者探讨了不同输入形式（主要是教学形式）的效率问题。例如，Rose & Kwai-fun（2001）、Nguyen et al.（2012）、Ifantidou（2013）、Eslami et al.（2015）等都证明，相对于隐性输入，显性输入对培养学习者的语用能力更为有效。也就是说，通过显性输入的方式将语用知识传授给学习者，其教学效果更加明显。在语用教学过程中，所谓显性输入，指授课教师详细讲解具体词汇、语法结构或言语行为所附着的语用意义和不同社会文化的社交规范，即讲解语用语言知识和社交语用知识两方面内容。

可以看出，语言输入对语言习得具有重要影响，语用能力的发展离不开语用知识的输入。遗憾的是，现有研究鲜有调查我国英语教学中的语用输入现状，也很少探讨语用输入对语用能力发展的影响。因此，本研究通过问卷调查中国大学英语学习者的语用能力水平及其语用知识输入现状，了解我国大学生英语语用知识课堂输入路径，并勾勒其对语用能力发展的影响。

7.3　研究方法

7.3.1　研究问题

本章旨在调查我国大学英语课堂语用知识输入现状及其对二语语用

能力发展的影响，具体包括以下两个研究问题。

（1）中国大学英语学习者的课堂语用知识输入总体状况如何？对其语用能力发展有何影响？

（2）英语专业学习者和非英语专业学习者接受的课堂语用知识输入有何异同？对其语用能力发展有何影响？

7.3.2　研究对象

作者从江苏省某省属普通大学英语专业和非英语专业二年级学生中各抽取了一个教学班作为受试，其中英语专业教学班共有 30 人（6 男、24 女），非英语专业教学班 36 人（15 男、21 女）。在调查问卷阶段，英语专业学生均认真参加了调查，完成了调查问卷的所有条目；非英语专业班中有 6 人只做了调查问卷的第一部分（即选择部分），而没有回答开放问卷部分（参见 7.3.3 节）。为保证研究效度，笔者最终将这 6 名学生剔除，剩余 30 名学生（12 男、18 女）的调查问卷符合要求，进入统计。

7.3.3　研究工具

本研究旨在考察我国英语教学中语用知识的输入现状及其对英语语用能力发展的影响。但课堂教学具有长期性、不确定性等特点，笔者无法预测教师课堂语用知识输入的时间，因此笔者结合 Bardovi-Harlig & Dörnyei（1998），何自然、阎庄（1986），李悦娥、范宏雅（2002）的研究设计了一份调查问卷。

该调查问卷共包含两部分，第一部分是封闭式题目，共 12 条，旨在测试学生的语用能力水平。在本研究中，语用能力指"有效地运用语言知识以达到特定的交际目的和理解特定场景中话语的能力"（Thomas，1983：92），并可进一步分为语用语言能力和社交语用能力。前者指理解和运用附着于特定话语之上的施为用意的能力（如例 1），由调查问卷的第 1、3、5、6、7、10 条题目进行测试；后者指说话人根据交际对象的身份、地位、权势、文化等产出适切话语的能力（如例 2）（Thomas，1983：99；何自然、陈新仁，2004），由调查问卷的第 2、4、8、9、11、12 条题目测出。

1）（In the students' dormitory）

　　Andrew：Would you like to watch a football match?

　　Xiao Zhang：*Excuse me, but I'm not free.*（调查问卷第 5 题）

2）A：You look pale. What's the matter?

　　B：I'm feeling sick. A cold, maybe.

　　A：*Go and see the doctor. Drink more water. Did you take any pills? Chinese medicine works wonderful. Would you like to try? Put on more clothes. Have a good rest.*（调查问卷第 9 题）

在例 1 中，Xiao Zhang 的舍友 Andrew 邀请他一起看足球比赛，遭到 Xiao Zhang 拒绝。在拒绝时，Xiao Zhang 没有搞清 excuse me 的施为用意（用于对别人造成不便的情况），从而产生了语用语言失误，即语用语言能力低。在例 2 中，A 听到 B 生病后，按照汉语的交际规则提出了一系列建议，遵循了汉语的礼貌准则；但在英语的交际原则中，该话语的强加性非常大，显得不是很礼貌，像这种不遵循对方文化交际规范所犯的错误，就属于社交语用失误，即社交语用能力低。

调查问卷的第二部分是开放式题目，共 4 题，但只有第 1 题与本研究相关，具体见例 3。因为我们无法长时间跟踪英语课堂教学，课堂语用知识的输入也具有随机性、不可预测性等特点，因此我们采取了下例的形式，通过学生汇报来确定教师的讲解情况。

3）Have your English teachers ever told you in class how we should respond in the listed situations? If they have informed you of the appropriate behavior in some or all of the above situations, please list the item numbers below.

在调查问卷发放以前，笔者在另外的教学班进行前测，结果发现学生对测试条目理解无误，且问卷内部信度（α = 0.6253）已达到可接受水平。

7.3.4 数据收集与分析

调查问卷由相关任课教师在课堂上发放给学生，并告知受试此调查问卷仅为研究所用。受试被告知按第一印象作答、禁止任何事后修改。整个过程大约持续了 20 分钟，受试无查词典、讨论等现象。应学生要求，调查问卷收上来后，笔者及其任课教师对调查问卷内容进行了讲解，并为英语学习提出了一些建议。

问卷收上来后，笔者首先对第一部分进行了赋值：如果学生能正确判断某一测试条目适切与否，则得 1 分；否则 0 分。此外，如果受试能对错误的测试条目提供正确的答案，则再得 1 分。第一部分共 12 条测试题目，全部有语用失误，所以调查问卷的满分为 24 分。比如调查问卷第11 题：

11）（A is taking a cab, and he says to the driver）

A：*Excuse me, would you mind taking me to the airport*?

学生在作答时，首先需要在题目前的括号内标注斜体加下划线话语是否合适，如果合适就写 A（appropriate），不合适就写 I（inappropriate）。如果填写 A，学生就进入下一题；如果选填 I，则需在横线上提供学生认为合适的话语（如 Airport, please!）。

调查问卷第二部分为开放式题目（即例 3），笔者根据受试的回答情况按百分比进行了数据统计。

7.4 二语课堂语用知识输入与语用能力发展的关系

7.4.1 中国大学生英语语用知识输入与语用能力发展之间的关系

从调查问卷的开放式题目中得知，教师在课堂中仅介绍了调查问卷中的 6 个条目，其中 5 条与社交语用能力有关。由此可以看出，中国学生课堂中的语用知识输入总体不足，教师仅介绍了其中 50% 的题目，其中语用语言知识输入严重匮乏，仅占总语用输入的 16.7%。

那么，课堂语用知识输入的不足对其语用能力发展有何影响呢？表 7 - 1 显示，中国英语学习者的语用能力水平总体不高，平均得分仅为 14.40（总分 24），得分率为 60%。这一发现进一步印证了刘建达、黄玮莹（2012），李燕、姜占好（2014）的研究结果：中国英语学习者的语用能力水平总体偏低。

表 7 - 1 中国大学生的英语语用能力水平

类别	人数	最低分	最高分	Mean（平均值）	SD（标准差）
总分	60	7	19	14.40	2.800
语用语言能力	60	3	11	6.55	1.620
社交语用能力	60	2	12	7.85	2.122

我国英语学习者在语用能力测试中得分较低，是他们未发现问卷中的语用失误，还是虽然发现了语用失误，但仍不能提供正确答案？为了回答此问题，我们对数据做了进一步统计分析，具体见表 7 - 2。本研究共有受试 60 名，封闭性测试条目 12 题（其中语用语言能力和社交语用能力测试条目各 6 题），所以受试共有 720 次得分机会（语用语言能力和社交语用能力各 360 次）。在这 720 次得分机会中，受试有 193 次得了 0 分（约占 26.8%），有 190 次得了 1 分（约占 26.4%），还有 337 次得了 2 分（约占 46.8%）。也就是说，中国英语学习者在 73.2%（26.4% + 46.8%）的情况下能发现题目中的语用失误，但仅在 46.8% 的情况下能做出正确的应对。

同理，中国大学英语学习者的语用语言能力低于其社交语用能力（见表 7 - 1），主要是因为他们根本无法发现问题，还是发现问题后无法提供正确答案？结合表 7 - 2 我们可以看出，在 53.3% 的情况下我国英语学习者能顺利发现社交语用失误并提供正确答案，但对语用语言失误的正确作答率则降至 40.3%。另外，我国英语学习者在 28.6% 的情况下能发现语用语言失误，但却不能提供正确答案；而社交语用能力的比率则降至 24.2%。也就是说，我国英语学习者能较好地发现社交语用失误并能够提供正确的话语；而对语用失误的总体辨识率偏低，且在很多情况下即使知道话语存在错误也未能提供正确的话语，语用语言知识对于我国英语学习者来说更加困难。

表 7 – 2　　　　　　中国大学生英语语用能力具体得分情况

	总体（/720）	语用语言能力（/360）	社交语用能力（/360）
0 分	193（26.8%）	112（31.1%）	81（22.5%）
1 分	190（26.4%）	103（28.6%）	87（24.2%）
2 分	337（46.8%）	145（40.3%）	192（53.3%）

　　此外，中国大学英语学习者的语用语言能力显著低于其社交语用能力（6.55 vs. 7.85，t = – 3.975，df = 59，Sig. = .000）（表 7 – 1）。微观分析也显示（表 7 – 2），受试在 31.1% 的情况下根本无法发现话语存在的语用语言失误，但学生完全不能发现社交语用失误的情况仅占 22.5%。我们可以从两方面来解读此发现：第一，作为语用能力的有机组成部分，社交能力显著高于其语用语言能力这一现实体现了近 30 年来文化教学的成果（苗丽霞，2007），说明文化教学已取得一定的成绩，特别是有关目的语社交文化规范的语用知识输入已取得一定成效。本调查问卷的开放式题目也为此提供了佐证：在教师课堂讲解的语用知识中，社交语用知识占到了 83.3%，这可能是造成受试社交语用能力高于其语用语言能力的主要原因。第二，目前英语教学还没有重视培养学生的语用语言能力，语用语言知识输入匮乏。造成受试语用语言能力相对低下的原因在于，目的语与母语中相同的句法形式和语义结构并不具有对等的语用功能，容易造成交际失误（Hymes，1972）。由于教学过程中语用语言知识输入不足，导致学习者在语言习得过程中将母语句法结构的语义功能直接负迁移到目的语中，从而产生语际语用失误（Nguyen *et al.*，2012）。调查显示，在课堂语用知识输入中，教师讲解的语用语言知识仅占 16.7%，这可能是受试语用语言能力显著较低的主因。

　　也就是说，中国英语学习者的语用能力水平总体不高，语用语言能力尤其低下。对于中国学生来说，相对于话语的社交语用功能，附着于具体词汇结构、句法形式或言语行为的语用功能更难于习得。二语（外语）学习者可能会较好地理解目的语的语言形式，但是对语言形式所体现的功能与意义匹配则不一定完全了解（Cheng，2005）。通过对外语类核心期刊的检索，笔者发现关注英语社会文化的教学已有 20 多年时间（苗丽霞，2007），但很少有研究从英汉对比的角度专门论述特定话语的语用语言功能差异。因此，这需要我们在加强对学生文化知识输入的同时，还需提高其语用语言意识，揭示不同语言结构之间语用功能的异同。唯有这样，才能实现中国英语学习者语用能力的全面发展。

7.4.2　英语专业与非英语专业学生语用能力与语用知识输入的异同

上节讨论的是总体语用输入情况。那么，我国的英语专业学习者和非英语专业学习者接受的课堂语用知识输入是否存在差异？如果是，这种差异是否会对其语用能力发展产生影响？本节旨在对这些问题进行分析。

调查问卷的开放式题目显示，英语专业教师讲解了调查问卷中的 5 个条目，其中 4 条与社交语用能力有关；非英语专业教师仅讲解了调查问卷中的 3 条题目，全部与社交语用能力有关。由此可以看出，英语专业学习者的课堂语用知识输入无论在数量上还是类型上均多于非英语专业学习者。那么这种差异对其语用能力发展有何影响？

从表 7－3 可以看出，无论是英语专业还是非英语专业学习者的语用能力总体都不理想：前者的平均分只有 15.30，后者的平均分只有 13.50，但英语专业学习者的语用能力水平显著高于非英语专业学习者（F＝18.067，p＝0.000）。表 7－3 还显示，从语用能力的具体构成来看，英语专业学习者的语用语言能力、社交语用能力也均显著高于非英语专业学习者。由此可以看出，英语专业学习者的总体语用能力、语用语言能力和社交语用能力都分别显著高于非英语专业学习者，但整体尚未到达良好水平。结合调查问卷的开放式题目来看，这种差异与课堂语用知识的输入密切相关：英语专业教师在课堂教学中介绍了该调查问卷中 41.7% 的情况，而非英语专业教师仅介绍了 25% 的情况，可见英语专业学习者所接受的语用知识输入要多于非英语专业学习者，这可能是使得他们的语用能力、语用语言能力和社交语用能力均高于非英语专业学习者的主要原因。此外，从专业教学实际来看，英语专业学习者在课堂外接触英语的机会更大，在英语学习上花的时间更多，接触语用知识的机会自然也会增多，这种隐性输入也可能对语用能力发展造成影响。

表7-3   英语专业与非英语专业学习者英语语用能力对比

	英语专业学生	非英语专业学生	F	p
语用语言能力	7.10	6.00	11.396	.001***
社交语用能力	8.20	7.50	7.263	.009**
语用能力	15.30	13.50	18.067	.000***

** < .01；*** < .001

表7-3还显示，不论是英语专业学习者还是非英语专业学习者，他们的社交语用能力都高于其语用语言能力。配对样本T检验显示（表7-4），英语专业与非英语专业学习者的语用语言能力与社交语用能力之间的差异均显著（p = .025和p = .003），这进一步印证了中国英语学习者语用语言能力低于其社交语用能力的论断（李民、陈新仁，2007b）。该调查问卷后面的开放式问题也能较好地解释这一现象。根据本调查，不论是英语专业教师还是非英语专业教师，他们在课堂上关于语用知识的输入大部分是社交语用知识（英语专业教师介绍的语用知识中有80%是关于社交语用知识的；而非英语专业教师介绍的全部是社交语用知识），语用语言知识输入严重匮乏，这可能是导致中国英语学习者语用语言能力显著低于其社交语用能力的直接原因。

表7-4   不同专业大学生英语语用语言能力与社交语用能力对比

专业	语用语言能力	社交语用能力	T	df	p
英语专业学习者	7.10	8.20	-2.362	29	.025*
非英语专业学习者	6.00	7.50	-3.231	29	.003**

* < .05；** < .01

7.5   结语

通过上面的调查分析，我们不难发现：（1）中国英语学习者课堂中的语用知识输入不足，其中语用语言知识尤其匮乏，导致其语用能力水平总体偏低，且语用语言能力显著低于其社交语用能力；（2）英语专业学习者课堂中的语用语言知识输入、社交语用知识输入均高于非英语专业学习者，因而其总体语用能力、语用语言能力和社交语用能力都显著高于非英语专业学习者。

　　本研究有两点启示。第一，本调查显示我国英语文化教学已取得一定成绩，学习者在涉及英美文化社会规范的测试题目中表现较好，这体现了近年来教学过程中关注文化输入的成果，需要在以后的英语教学中继续坚持。第二，我国英语学习者语用语言知识输入严重匮乏，这极大地制约了其总体语用能力的发展，这需要我们在以后的教学中强化语用语言知识的输入。陈国华（2008：5）指出，"大量带有情境的语言输入和产出是自然吸收的先决条件"。这需要广大英语教师在课堂中详细介绍特定语言结构的语用功能及其使用场景，让学习者认识到两种语言结构的差异，了解特定语言结构的含意，并结合适当的产出，全面提高学习者的语用能力。需要指出的是，本研究在调查问卷测试题目的丰富度以及对教师课堂语用知识输入的认定上均有不完善之处，也未涉及何种语用输入方式与强度更加有效，期待未来研究在克服本章不足的基础上，进一步讨论课堂语用知识输入与语用能力发展之间的关系，共同推进二语语用能力研究的深入发展。

第 8 章

二语学习者语法和语用意识程度
与能力水平研究[*]

本章通过问卷调查的方式，主要考察语法和语用意识程度与其能力发展之间的关系，揭示意识程度对能力发展的重要作用。

8.1 引言

外语教学的最终目的是使学生能熟练掌握所学外语，用外语进行交际。因此，"现在几乎任何一个教学大纲、任何一本教材、任何一位外语教师都会强调外语教学的最终目的是培养学生的外语交际能力"（束定芳，2004：14）。根据 Bachman（1990）的理论模型，交际能力由语言能力、策略能力和心理—生理机制三部分构成。语言能力又进一步划分为组织能力和语用能力：前者包括语法能力，指说话者根据句法和语义规则产出形式正确的句子的能力；后者指"交际者在话语过程中根据语境情况实施和理解具有社交得体性的施为行为所运用的各类知识"（何自然、陈新仁，2004：167）。可见，语法能力和语用能力是交际能力的有机组成部分，要培养学生的交际能力，离不开培养学生的语法与语用能力。由于受结构主义和生成语法学派的影响，语言学家和英语教师历来重视语法能力的研究和培养，却忽视了语用能力对英语学习的重大作用。随

---

[*] 本章原文发表于《中国外语》2007 年第 6 期（李民、陈新仁，2007b），本书作了适当修改。

着语用学等相关学科的兴起，语用能力受到了越来越多的关注和研究。但是，"我国的外语教学领域在语际语用学方面的研究，特别是实验研究，与世界水平仍然有差距"（刘思，2004：14），并且，"我国现行讨论英语学生语用习得的文章大部分都是理论性或思辨性的（其中低水平重复以及针对性弱等现象较严重），运用严格的实证调查予以验证的成果还比较少"（陈新仁、李民，2006：21），探讨语用能力和语法能力的发展顺序的研究仍有待于进一步发展（陈治安、袁渊泉，2006），对语用意识程度与语用能力发展之间关系的研究也有待于进一步深化（Bardovi-Harlig & Dörnyei，1998；Kasper，2001）。有鉴于此，本章通过问卷调查的方式，在吸纳二语习得相关研究成果的基础上，探讨语用意识程度与语用能力之间、语法意识程度与语法能力之间的关系，以期对我国的英语教学与研究提供参考，弥补这方面研究的不足。

8.2　研究背景

Ellis（1994：549）指出，成功的语言学习者对自己的学习进程都有清醒的意识（Awareness），都能使用元语言策略来有意识地调控自己的学习。按照 Schmidt（1995）的观点，语言学习者的意识程度不同，语言学习者对不同学习类型的意识程度也不同。比如，如果语言学习者比较重视语音，那么则说明他的语音意识程度高；如果语言学习者比较重视语用，那么他的语用意识程度就高。并且，意识程度的高低对语言习得具有决定性作用（Bardovi-Harlig & Dörnyei，1998；Niezgoda & Röver，2001）。作为意识的有机组成部分，有意注意①（Noticing）已受到广泛的关注和研究，有意注意对外语发展所起的重要作用也已经被人们所接受（Long & Crookes，1992；Cowan，1993；Curran，1993；Lewis，1993；Ellis，1994；Skehan，1998；Thombury，1998；Leow，2001；吴旭东，1997；常芳，2004；劭慧娟，2004；黄远振、陈志军，2005；牛强、马丁·沃尔夫，2005）。Kasper（1996）因此指出，语法和语用能力的习得依靠三个互相依存的条

---

① 本译名采纳了吴旭东（1997）的译法。作者以此译名来区别于无意注意。

件：一定量的输入、输入被注意以及大量的练习机会。作为从输入（Input）到吸收（Intake）的中间步骤，有意注意起着承上启下的作用：没有恰当的有意注意，习得就不会发生（Schmidt，1990；丁言仁，2004）。因此，通过调查中国英语学习者的语用和语法意识程度，可以分别探讨语用意识程度与语用能力、语法意识程度与语法能力之间的关系，以便查清我国英语学习者语用或语法能力相对低下的原因，从而进一步指导我国的英语教学。

目前，国外已有研究探讨意识程度对语用、语法习得的影响。Bardovi-Harlig & Dörnyei（1998）通过研究以英语为第二语言（ESL）的学习者与以英语为外语（EFL）的学习者在语用和语法意识程度上的差异，探讨了语用能力与语法能力之间的关系。研究结果显示，ESL 学习者能够辨认出更多的语用失误（即语用能力强），而且普遍认为语用失误的严重程度比语法错误高（即语用意识程度高）；而 EFL 学习者能够辨认出更多的语法错误（即语法能力强），并认为语法错误比语用失误严重得多（语法意识程度高）。意识程度与能力水平呈正相关。也就是说，如果学习者的语用或者语法意识程度高，那么与之对应的其语用或语法能力水平也就高。该研究同时发现，语用与语法意识程度还受语言水平的制约，语用与语法意识程度都伴随着语言水平的发展而提高，但语法意识程度增长更快。也就是说，二语学习者的语用意识程度和语用能力水平都分别高于其语法意识程度和语法能力水平；但外语学习者的语法意识程度和语法能力水平则分别高于其语用意识程度和语用能力水平。Niezgoda & Röver（2001）借鉴了前者的研究工具，重新探讨了语用与语法意识程度之间的关系。结果显示，ESL 学习者认为语用失误远比语法错误严重，这与前者的结论相一致；但与之不同的是，Niezgoda & Röver 的实验证明，EFL 学习者的语法意识程度和语法能力都分别高于其语用意识程度和语用能力。组间对比方面，EFL 学习者的语法和语用失误辨认率（即语法和语用能力）都显著高于 ESL 学习者，且对两种错误严重性的判定（即意识程度）也都显著高于 ESL 学习者。通过比较不同语言水平组，Niezgoda & Röver 发现低水平组 ESL 学习者的语用能力和语用意识程度都显著高于其语法能力及其意识程度，而高水平组的语法能力及其意识程度高于其语用能力及其意识程度（但都不显著）。EFL 学习者的情况比较复杂：低水平组的语用意识程度和语用能力都高于其语法意识程度和语法能力（但仅能力水平之间差异显著）；然而，高水平组的语法意识程度和语法能力也都分别高于其语用意识程度和语用能力（仅有能力水平之间的差异显著）。综合而言，不论是 EFL 还是 ESL 学习者，低水平组的语用意识程度和语用能力都要高于高水平组的意识程度和能力水平，高水平组的语法意识程度和语法能力则分别高于低水平组。由此可见，虽然有关学者已经对语用/语法意识程度和语用/语法能力水平之间的关系进行了探讨，但尚未达成共识，仍有待于进一步验证。因此，本研究致力于回答以下三个问题：

（1）中国英语学习者的语法和语用意识程度之间、语法和语用能力水平之间有何关系？

（2）中国英语学习者的语法和语用意识程度、语法和语用能力水平与学习者语言水平有何关系？

（3）中国英语学习者的语法意识程度、语用意识程度、语法能力水平与语用能力水平之间的相关性如何？

8.3　研究设计

8.3.1　研究对象

本实验受试为山东省某省属普通高校英语系大学一年级和三年级学生，具体信息见表 8 - 1。在本研究中，为了叙述方便并参考教学实际，我们将一年级学生称为低水平组，将三年级学生称为高水平组。

表 8 - 1　　　　　　　　研究对象基本信息

	男生（人）	女生（人）	总人数（人）	平均年龄（岁）	平均学习英语年限（年）
低水平组	8	17	25	19.1	7.7
高水平组	11	13	24	21.4	11.1

8.3.2　研究工具

本研究采用问卷调查的方式对我国英语学习者的语法和语用意识程度与能力水平进行调查分析。调查问卷采用了 Bardovi-Harlig & Dörnyei（1998）的设计，该调查问卷共包括20条测试题目，其中包括语法错误8题（内在信度 α 系数为 0.6305），语用失误 8 题（内在信度 α 系数为 0.7392），其余4题无错误（干扰项）。按照 Leech（1983）对语用学的分类，语用失误可以分为语用语言失误和社会语用失误。本调查问卷中的语用失误全部为社会语用失误，即说话者不注意谈话对象的身份或地位，对身份较低或关系密切的听话人使用了过于礼貌的表达方式，或者对身份较高或者关系疏远的听话人使用了较为亲昵或粗鲁的表达方式（何自然、陈新仁，2004）。例如：

1）［Peter goes to the snack bar to get something to eat before class.］
　　Waiter：May I help you?
　　Peter：*Would you be so kind as to give me a sandwich and a yogurt please?*

　　Was the italicized sentence appropriate/correct?　　Yes　　No
　　If there was a problem, how bad do you think it was?
　　Not bad at all ___; ___; ___; ___; ___; ___ Very bad

在上面这段对话中，说话人（Peter）就没有考虑到自己的身份（顾客），而对听话人（Waiter）使用了过于礼貌的话语，从而产生了社会语用失误。本实验中的语法错误也比较常见，主要包括名词的可数性、动词搭配、省略、时态、否定等，见下例（具体请参考 Bardovi-Harlig & Dörnyei，1998）。

2）［Peter is talking to his teacher. The conversation is almost finished.］
　　Teacher：Well, I think that's all I can help you with at the moment.

Peter：*That's great. Thank you so much for all the informations.*

Was the italicized sentence appropriate/correct?　　Yes　　No

If there was a problem, how bad do you think it was?

Not bad at all ＿＿：＿＿：＿＿：＿＿：＿＿：＿＿ Very bad

　　在上例中，Peter 将不可数名词（information）用作了可数名词，从而产生了语法错误。通过阅读调查问卷，我们发现语法错误的难度不大，作为一名大学英语专业学习者，受试应能较好地辨认出大部分语法错误。

　　受试需首先完成判断部分，即斜体部分话语是否合适或正确。如果正确，则在 Yes 上作标记；如果不正确，需首先在 No 上作标记，然后在六级量表中标示错误的严重程度（在数据统计过程中最左侧横线赋值为 0，最右侧赋值为 5）。受试对话语适切性或合法性的判定显示了其语用或语法能力水平，对错误严重程度的判定则显示了其语法或语用意识程度。

8.3.3　数据收集与分析

　　调查问卷由笔者在课堂上发放给学生，并告知测验结果将作为期末考试成绩的有机组成部分，以确保学生认真对待。问卷收上来后，由作者对语用和语法意识程度调查问卷赋分，受试每答对一项，得 1 分，否则 0 分，然后输入 SPSS11.5 作为受试语用和语法能力的参考依据；如果受试能够正确辨认出某一语用失误或语法错误，则将其对失误（错误）严重程度的判定（0—5）输入统计软件 SPSS 16.0 作为其意识程度的参考依据。

8.4　二语学习者语法、语用意识程度与能力水平

8.4.1　中国英语学习者的总体习得情况

　　在最相关的两项实证研究中，Bardovi-Harlig & Dörnyei（1998）和 Niezgoda & Röver（2001）的研究结果基本一致，即外语学习者的语法意

识程度和语法能力都分别高于其语用意识程度和语用能力；差异在于前者的研究发现这种差异达到了显著水平，而后者的研究则没有发现显著差异。表8－2反映了我国英语学习者的总体习得情况。

表 8－2　　　　　　　　　　　总体习得情况

	M	SD	t	p
语法意识程度	1.5042	1.087	－10.124	.000*
语用意识程度	3.3835	1.0310		
语法能力	.4852	.2533	－8.765	.000*
语用能力	.8263	.1592		

* < .05

通过表8－2，我们可以发现中国英语学习者的语用意识程度显著高于其语法意识程度（3.3835 vs. 1.5024，p = .000 < .05），语用能力水平也显著高于其语法能力（0.8263 vs. 0.4852，p = .000 < .05），本结果与上面提到的两项研究的结论并不一致。由于参加本次实验的是成人外语学习者，本结果可以说明，中国成人外语学习者在外语学习过程中更加注重语用能力的学习，他们更加注重话语的社会适切性。这种关注语用的倾向与 Bardovi-Harlig & Dörnyei（1998）研究中所报告的英语本族语者的情况基本一致，中国英语学习者的语用意识程度和语用能力更接近于英语本族语使用者。这说明，随着我国英语教学改革的深入，我国英语学习者的语用能力和语用意识程度都获得了发展。但我国流行的交际教学法也有其缺陷，即忽视语法教学、没有将语法教学纳入教学的重心，所以就导致了本实验中学习者的语法意识程度和语法能力偏低这一现象。受试语法能力偏低这一现象，只能说明我国英语学习者的语法知识薄弱，而不可能是调查问卷本身引起的。因为在上面我们提到过，本实验调查问卷中包括的语法错误均比较常见，难度并不大。

8.4.2　不同语言水平组的中国英语专业学习者的习得情况

研究（Bardovi-Harlig & Dörnyei，1998；Niezgoda & Röver，2001）发现，不同语言水平组外语学习者的语用和语法习得情况也不一致。Bardovi-Harlig & Dörnyei（1998）认为，低水平组外语学习者更加注重语法，他们的语法意识程度要显著高于其语用意识程度，而 Niezgoda & Röver（2001）则持不同的观点。后者认为，低水平组外语学习者更加注重语用，他们的语用意识程度要显著高于其语法意识程度。通过对比，我们发现两项研究的结果相互矛盾，结论的概括化仍需进一步验证。为了验证哪一种结果更可靠，下面我们看一下不同语言水平组的中国英语学习者的习得情况。

数据显示（表 8 - 3），低水平组的语用意识程度显著高于其语法意识程度（3. 3427 vs. 1. 6774，p = . 000 ＜ . 05）；同时，其语用能力也显著高于其语法能力（0. 8024 vs. 0. 4718，p = . 000 ＜ . 05）。本调查结果与 Niezgoda & Röver（2001）的结论基本一致，即发现低水平组成人外语学习者更加注重语用意识和语用能力的习得。

表 8 - 3　　　　　　　　　　低水平组习得情况

	M	SD	t	p
语法意识程度	1. 6774	1. 26234	- 5. 177	. 000 *
语用意识程度	3. 3427	1. 02213		
语法能力	. 4718	. 27140	- 5. 284	. 000 *
语用能力	. 8024	. 18193		

* ＜ . 05

Bardovi-Harlig & Dörnyei（1998）与 Niezgoda & Röver（2001）的研究结果虽然在低水平组外语学习者的习得上有差异，但他们对高水平组的发现却基本一致。两项研究都认为，高水平组语言学习者更加注重语法，其语法意识程度显著高于其语用意识程度。我们再看一下中国外语学习者的情况。结合表 8 - 4，我们可以发现中国外语学习者的习得情况与前面两项研究的结果并不一致：高水平组学生的语用意识程度显著高于其语法意识程度（3. 4286 vs. 1. 3125，p = . 000 ＜ . 05），语用能力也显著高于其语法能力（0. 8527 vs. 0. 5000，p = . 000 ＜ . 05）。

表 8 - 4　　　　　　　　　　　高水平组习得情况

	M	SD	t	p
语法意识程度	1.3125	.83299	-13.460	.000*
语用意识程度	3.4286	1.05762		
语法能力	.5000	.23570	-7.832	.000*
语用能力	.8527	.12754		

*　< .05

综合表 8 - 2、表 8 - 3 和表 8 - 4，我们可以看出，不论是整体还是不同语言水平组，中国英语学习者的语用意识程度都显著高于其语法意识程度，语用能力也都显著高于其语法能力。也就是说，中国英语学习者的语用能力显著高于其语法能力，而且都普遍认为语用失误比语法错误严重得多。此结果至少有两种解释：（1）随着我国英语教学改革的深入，广大教师和学生越来越重视交际能力的培养，其中很重要的一项就是语用能力及其意识程度的提高与发展。因此，本实验中语用能力与意识程度得分比较高可被视作我国英语教学改革的成果之一。（2）该实验受试均为大学英语专业学习者，是成年英语学习者。他们在学习外语过程中，母语的语用能力已日趋完善。所以，受试的英语语用能力可能源自于母语，是母语语用能力正迁移的结果。但具体哪一种解读更为可靠仍需进一步验证。

通过对比不同语言水平组，Bardovi-Harlig & Dörnyei（1998）发现高水平组外语学习者的语用意识程度和语法意识程度都显著高于低水平组外语学习者，且语法意识程度提高更快。而在 Niezgoda & Röver（2001）的研究中，高水平组外语学习者仅在语法能力和语法意识程度上显著高于低水平组学习者；在语用能力和意识程度上则没有显著差异。表 8 - 5 显示了不同水平中国英语学习者的习得情况。通过独立样本 T 检验，我们发现高水平组的语用意识程度、语法能力和语用能力都高于低水平组（但不显著），但其语法意识程度则低于低水平组。也就是说，随着语言水平的提高，中国英语学习者的语法和语用能力都获得了发展，也更加注重话语的社会适切性（集中体现在语用意识程度提高上）。但是，他们对语法错误却越来越容忍，不再认为语法错误非常严重。

表 8 - 5　　　　　　　　　语言水平因素对语法和语用习得的影响

类型	水平组	M	SD	F	p
语法意识程度	低	1.6774	1.26234	2.714	.105
	高	1.3125	.83229		
语用意识程度	低	3.3427	1.02213	.713	.402
	高	3.4286	1.05762		
语法能力	低	.4718	.27140	.874	.354
	高	.5000	.23570		
语用能力	低	.8024	.18193	2.074	.155
	高	.8527	.12754		

　　值得指出的是，虽然中国英语学习者的语用意识程度和语用能力都获得了发展，语法能力也有所增长，但他们的语法意识程度却降低了。这是一个危险的信号，表明中国英语学习者不再认为语法错误非常严重，对语法错误越来越容忍。学习者语法意识程度的降低会直接导致其语法能力的下降，这与语言教学的根本目的相违背。学习者语法意识程度的降低可能与我国近年来交际教学法比较盛行有关。交际教学法强调学生应用语言的能力，主张流利性高于准确性（主要体现为语法能力），认为语言教学的目的在于交际。部分教师甚至认为，学生只要能够达意，语言教学的任务也就完成了，对语言的准确性没有特殊的要求。这种观点的直接后果是学生语法能力的下降，学生虽然能够较快地表述自己的思想，但却存在不少语法错误。胡壮麟（2002）已对这种现象提出了批评，指出国外已对语法教学的重要性作了重新评价，交际教学法也已经向交际—语法教学法方向过渡。因此，在交际教学法在我国大学英语教学仍然盛行的背景下，有必要让广大英语教师和语言学习者认识到交际教学法的弊端，将语法重新设定为语言教学的主要目标之一。

8.4.3　相关性分析

Kasper & Rose（2002）在《第二语言中的语用发展》（Pragmatic Development in a Second Language）中专辟一章来探讨语用能力与语法能力的关系问题。他们指出，在语用能力和语法能力的发展顺序问题上，存在着两种相互矛盾的观点：一种是语用优先论（Schmidt，1983；Koike，1989），认为成人在习得第二语言时已经有了充足的母语语用能力，基本掌握了母语的语用规则，在第二语言习得过程中肯定会受到母语语用能力的影响，出现迁移。另一种认为语法先于语用（Eisenstein & Bodman，1986；Takahashi & Beebe，1997；Salsbury & Bardovi-Harlig，2000），认为掌握一定的词汇、语法等知识是发展语用能力的必备条件。这两种观点的科学性都需要进一步研究加以验证。在本研究中，受试的语用能力与意识程度显著高于其语法能力与意识程度，这似乎显示在成人外语习得中语用能力的发展先于语法能力。下面我们借助数据统计手段进一步探讨语法意识程度、语法能力、语用意识程度与语用能力发展之间的关系。

表 8 - 6　　　　　　　　　　诸因素之间的双相关分析

		语法意识程度	语用意识程度	语法能力	语用能力
语法意识程度	Pearson Correlation	1	.094	.813	- .142
	Sig.（2 - tailed）	.	.478	.000 **	.283
	N	59	59	59	59
语用意识程度	Pearson Correlation	.094	1	.069	.694
	Sig.（2 - tailed）	.478	.	.606	.000 **
	N	59	59	59	59
语法能力	Pearson Correlation	.813	.069	1	.002
	Sig.（2 - tailed）	.000 **	.606	.	.989
	N	59	59	59	59
语用能力	Pearson Correlation	- .142	.694	.002	1
	Sig.（2 - tailed）	.283	.000 **	.989	.
	N	59	59	59	59

** < .001

通过表 8 - 6，我们发现语法能力与语用能力之间的相关系数（0.002）较低，且两者之间的相关性远远没有达到显著水平（$p = .989 > .05$）。也就是说，语用能力的发展与语法能力并不相关，两者是平行发展、互不影响的：语用能力并不能保证语法能力的发展，语法能力也不一定促进语用能力的发展。这也进一步证明外语学习中语法能力不是语用能力发展的基石，学习者不一定需要先习得一定的词汇和语法知识然后其语用能力才获得相应的发展，语法能力的习得不一定先于语用能力。结合表 8-2、表 8-3 和表 8-4 的研究结果，我们更倾向于支持语用优先论。通过此表我们还发现，语法意识程度与语法能力之间、语用意识程度与语用能力之间的相关性达到了较高显著相关水平。也就是说，语言学习者的语法意识程度高，则其语法能力就高；如果语言学习者的语用意识程度高，则其语用能力水平就高。结合表 8-2 中受试语法能力较弱这一现象，加上本表中语法意识程度与语法能力显著相关，我们可以认为，正是由于受试语法意识的薄弱，才导致了其语法能力低下；而语法意识程度低下则很有可能是交际教学法引起的。结合笔者的教学经历，我们认为目前我国广大英语教师受交际教学法影响较深（也可能是对交际教学法的误读），忽视语法教学，轻视语法能力的培养，并把这种错误思想传达给了学生，从而导致中国英语学习者语法意识程度低下这一现象的发生。

8.5　结语

根据以上研究结果，我们可以推断出以下四点结论。

（1）整体而言，中国英语学习者的语用意识程度和语用能力显著高于其语法意识程度和语法能力。这一方面说明了随着交际教学法和语用教学的深入，我国英语教学改革已取得了一定的成效，学习者的语用意识程度和语用能力都获得了发展。另一方面，本结果在肯定交际教学法成效的同时，也暴露了其缺陷，即忽视对语法能力的培养。

（2）组内对比而言，不论是高水平组还是低水平组学习者，他们的语用意识程度、语用能力都分别显著高于其语法意识程度和语法能力。也就是说，不管语言水平如何，中国英语学习者的语用意识程度显著高于其语法意识程度，语用能力显著高于其语法能力。中国英语学习者的语用意识与语用能力、语法意识与语法能力是成正态发展的。

（3）组间对比而言，高水平组的语用意识程度、语用能力和语法能力都分别高于低水平组，但语法意识程度则比低水平组的低。也就是说，随着语言水平的提高，中国英语学习者的语用能力、语法能力都获得了相应的增强，也更加注重话语是否符合语用规范（语用意识增强）；但对语法错误严重程度的判断却在下降，即学习者语言水平越高，越认为语法错误不严重。

（4）相关分析表明，语用意识程度与语用能力显著相关，语法意识程度与语法能力显著相关；而语用意识和语用能力与语法意识和语法能力则不相关。也就是说，意识程度对能力的发展具有举足轻重的作用，但语用能力和语法能力之间并不相关。

本研究结果具有以下意义。首先，本研究证实了意识程度的重大作用，为 Schmidt 的"有意注意假设（Noticing Hypothesis）"提供了佐证。由于意识程度与能力水平显著相关，所以我们可以认为能力水平的发展离不开意识程度的提高。这就需要语言学习者充分认识到语用和语法问题的重要性，为语用和语法能力的发展打下良好的基础。其次，由于本研究证实了"有意注意假设"在语用层面的科学性，因此也为开展显性语用教学提供了基础。一般认为，语用能力是习得（acquired）的，并非靠学得（learning）而获得发展的，因此在外语教学过程中无须讲授语用知识，只要学习者的语言水平达到了一定程度，语用能力就会自然而然地获得发展。本研究显示，语用能力与语用意识程度显著相关，也即证明了语言学习中有意注意的重要性。学习者由于受理解能力、语言水平等因素的制约，不一定能对语言学习过程中的相关语用知识产生足够的注意。这就需要广大英语教师在教学过程中详细讲授相关语用知识，提供不同语境中某一语用特征的各种用法和功能，从而引起学习者的充分注意，提高其意识程度，为成功习得语用知识做好铺垫（戴炜栋、杨仙菊，2005；刘润清、刘思，2005）。此外，鉴于英语学习者的语用理解能力与产出能力之间的巨大差异（李民、陈新仁，2007a），广大英语教师在日常教学中还应注意提供特定场景下的语用知识训练，切实将学习者的理解能力最大限度地转换为产出能力。再次，本研究还探讨了语用能力与语法能力之间的关系。本研究数据显示成人英语学习者的语用能力高于其语法能力，语用能力与语法能力之间是平行发展的，但语用能力的发展要先于语法能力的发展，即本研究结果支持语用优先论。结合

Ochs（1996）提出的"普遍文化原则"（Universal Culture Principle）和 Blum-Kulka（1991）、Kasper & Rose（2002）等提出的"普遍语用能力"（Universal Pragmatic Competence）等理论，本章提出，外语学习者在习得一门新的语言时，由于其已经具有一定的母语语用能力，因此很容易将其母语的语用能力移植到外语中来，从而产生迁移。外语学习者会首先注重产出合乎社会文化规范的、语用上适切的语句，其次才会注重话语语法上的合法性。最后，本研究显示虽然中国英语学习者的语用意识与能力都获得了一定程度的发展，但语法意识程度和语法能力得分都相对较低。这从一定程度上反映了我国目前英语教学的现状，即在交际教学法指导下过度强调流利性而忽视准确性，弱化了学生语法能力的培养。这需要我们在英语教学中及时吸取教训，在保证现有教学效果的基础上，快速实现从交际教学法到交际—语法教学法的转变。

　　需要指出的是，本研究由于受实验条件限制，存在样本过小、调查问卷题目类型不够丰富等缺陷，因此其结论仍有待于进一步验证。此外，本章所用调查问卷测试的语用能力主要涉及语言学习者的社会语用能力，并未测试其语用语言能力，因此对中国英语学习者的语用语言能力仍需作进一步探讨，对其语用能力发展的研究尚待进一步完善。

第 9 章

二语学习者性格与语法、语用能力
及其意识程度关系研究[*]

本章通过问卷调查的方式，主要讨论性格对语法、语用能力及其意识程度的影响，深化我们对语用能力发展多样性的认识。

9.1 引言

性格是一个人表现在对现实的态度和行为方式上的比较稳定但又可变的心理特征，是个性最重要的组成部分（宋广文，1994），是人一切行为变化的基础。按照对内、外部环境的依赖程度，可以分为外向型（Extroversion）和内向型（Introversion）性格两类。外向型性格的人往往具有活泼开朗、热情大方、不拘小节、善于交际、反应迅速、易适应环境变化等优点，但同时也会带有马虎、不细心等缺点。内向型性格的人往往沉重稳定、办事谨慎、考虑周到等优点，同时也具有反应缓慢、不善交际等缺点（同上）。部分学者（王初明，1990；宋广文，1994）认为，外向型性格更容易助人成功，而内向型性格则多与失败联系在一起。

外语界也存在类似的看法。Griffiths（1991）的研究显示，英语教师普遍承认学习者性格类型对英语学习的重要作用。我国王初明（1990）也指出，不少英语教师认为成功的英语学习者多具有外向型性格，而学

＊ 本章原文发表于《外语教学与研究》2009 年第 2 期（李民、陈新仁、肖雁，2009），本书作了适当修改。

习差的英语学习者多具有内向型性格。王初明进一步指出，这种观点到底有多大程度的真实性还有待于严格的实验来加以验证。目前，尽管国内已对性格类型对英语学习的作用进行了一定的研究，但多见于学习策略选择方面（武波，1997；廉洁，1998；冼吉昌，1999；王松美，2001），也有少量研究涉及了词汇语法层面（梁晓波、谭桔伶，1999；王雪梅，2000），但专门探讨性格类型与语用能力之间关系的研究则较为匮乏。此外，国外虽已有研究（Linnel, et al. , 1992；Bardovi-Harlig & Dörnyei，1998；Niezgoda & Röver，2001；Cho，2003）探讨语法能力与语用能力之间的关系，但从性格类型角度来探讨语法、语用能力习得差异的研究仍比较少见。有鉴于此，本章将详细讨论性格类型与语法能力、语用能力之间的关系，以期扩展语用习得研究的视野，给外语教学提供一定的参考。

9.2　研究背景

9.2.1　性格类型与外语学习

在性格类型与外语学习之间的关系上，存在着以下三种互相矛盾的观点。第一种研究（Cattell，1956；Chastain，1975；Krashen，1981；Strong，1983；Brown，1987）认为，外向型性格更有助于外语语言能力的习得；第二种研究（Smart et al. ，1970；Eysenck & Eysenck，1985；Kiany，1998）则显示，内向型性格更有助于取得学习的成功；第三种观点（Busch，1982；Astika et al. ，1996；梁晓波、谭桔伶，1999；王雪梅，2000）认为，性格与外语学习的关系比较复杂，某种性格类型可能会仅仅有助于某种语言能力的发展。Busch（1982）的研究显示，内向型性格仅与语音能力显著相关，而在口语、书面等综合测试中内外向型性格之间则没有显著差异。Astika et al. （1996）的研究则发现，词汇学习与内向型性格显著相关，但在写作、语法、阅读及英语总体水平上并没有显著差异。梁晓波、谭桔伶（1999）的调查显示，内向型学习者总体上比外向型性格学习者学得好。具体而言，内向型学习者在精读、听力、词汇语法、听写、完形填空等项目上的表现优于外向型学习者；而外向型学习者则在口语、泛读、写作上占有优势。王雪梅（2000）指出，虽然内、外向型性格对综合外语能力的影响没有差异，但外向型性格外语学习者在听力方面占有优势，而内向型性格的外语学习者在完形填空、阅读理解、词汇—语法等方面占有优势。当然，少量研究（Naiman *et al.*，1978；何小凤、杨敏敏，2003）甚至显示，性格对外语学习没有任何影响。可见，目前大部分研究还是认为性格类型对外语学习是有一定影响作用的，只是在哪种性格类型对何种语言能力发展起促进作用的问题上存在争议。

9.2.2　性格类型与语用能力

语用习得（又称语际语用学）是语用学与二语习得两个学科相结合的产物，该领域对于拓展语用研究视野、深化人们对二语习得的认识具有举足轻重的作用。在传统教学中，人们往往重视外语词汇、语法等方面的知识习得，但却几乎不关注外语学习者如何通过运用已习得的语言知识来得体地以言行事。国外这方面研究虽然起始于 20 世纪 60 年代，但目前发展已相对比较成熟。国内的语用习得研究①不仅起步较晚，且多集中于探讨语用能力的界定与分类，或主要分析语用失误的成因及其解决措施，或专门考察语用能力发展水平（何自然、阎庄，1986），或集中论述某种语言行为的习得，还有部分研究（陈新仁、吴珏，2006；李民、陈新仁，2007a；陈新仁、任育新，2007）主要探讨了话语标记语的习得。虽然王雪梅（2006）调查了不同性别外语学习者的语用能力差异，但探讨学习者个体差异与语用习得之间关系的研究在国内仍比较少见。笔者通过 CNKI 搜索（截至 2009 年 2 月底），至今未发现从性格方面入手探讨语用能力发展的实证研究。概而言之，下面三个原因说明了本研究的必要性：（1）语用能力指"交际者在话语过程中根据语境情况实施和理解具有社交得体性的施为行为所运用的各类知识"（何自然、陈新仁，2004：167），而人们的日常行为肯定会受到性格类型的影响（宋广文，

---

①　陈新仁、李民（2006）曾对国内 1994—2004 年间发表在国内主要外语类期刊上的语用习得研究作出了全面综述，详情请参考该文献。限于篇幅，本章仅列出该文未回顾之相关研究。

1994），言语行为的得体性也不例外；（2）探讨性格类型与语法能力之间关系的研究已比较多，但尚无专门探讨性格类型与语用能力之间关系的研究；（3）将性格类型和语法能力、语用能力放在一起探讨的研究更为少见。因此，本章通过问卷调查的方式，以普通高校英语专业本科生为受试，分别探讨性格类型与语法能力、语用能力之间的关系。

9.2.3　性格类型与语法、语用意识程度

意识对语言能力的发展具有重要影响，意识程度的高低对语言习得具有决定性的作用（Bardovi-Harlig & Dörnyei，1998；Niezgoda & Röver，2001）。李民、陈新仁（2007b）的研究也发现，意识程度对相应语法、语用能力的发展影响显著。根据心理学的研究成果（宋广文，1994），不同性格类型的学习者具有不同的注意焦点：即外向型学习者更加注重社会交往能力的培养，因此我们猜测其语用意识程度也会相对较高；而内向型语言学习者则更加注重语言的形式，因此可以推测其语法意识程度相对较高。如果性格类型与语法、语用意识程度的关系得以验证，我们就可以解释不同性格类型学习者在语法、语用能力上产生差异的原因。因此，本章除考察语法、语用能力外，还考察了其相应的意识程度，以期作出相应的解释。

9.3　研究方法

9.3.1　研究问题

本研究尝试回答以下两个问题：

（1）中国英语学习者的语法能力及其意识程度是否存在性格差异？

（2）中国英语学习者的语用能力及其意识程度是否存在性格差异？

9.3.2　研究对象

本实验受试为山东省某省属普通高校英语系大学一年级和三年级学生，具体信息见表 9 – 1。

表 9 – 1　　　　　　　　　　　　　　研究对象基本信息

	男生（人）	女生（人）	总人数（人）	平均年龄（岁）	平均学习英语年限（年）
一年级	10	21	31	20.1	7.7
三年级	13	15	28	23.3	10.9

9.3.3　研究工具

本调查共涉及两份调查问卷，第一份为 Bardovi-Harlig & Dörnyei（1998）设计的旨在测试外语学习者语法、语用能力的调查问卷。该问卷共 20 条测试题目，其中包括语法错误 8 项（内在信度 α 系数为 0.6305），语用失误 8 项（内在信度 α 系数为 0.7392），其余 4 项无错误（干扰项）。具体样题请参见本书 8.3.2 节。

另一份调查问卷为文秋芳（2003b）设计，测试了英语学习者的性格类型，分为比较内向型、稍稍内向型、稍稍外向型和比较外向型四种（统计中依次赋值为 1、2、3、4）（具体参考文秋芳，2003b：265 – 267）。

9.3.4　数据收集与分析

调查问卷由笔者在课堂上发放给学生，并告知测验结果将作为期末考试成绩的有机组成部分，以使学生认真对待。调查问卷收上来后，由作者对语用和语法意识程度调查问卷赋分，受试每答对一项，得 1 分，否则 0 分，然后输入 SPSS15.0 作为受试语用和语法能力的参考依据；如果受试能够正确辨认出某一语用失误或语法错误，则将其对失误（错误）严重程度的判定（0—5）[①]输入 SPSS 15.0 作为其意识程度的参考依据。性格类型调查问卷由笔者的一位研究生帮助统计，然后将结果输入统计软件。在数据分析过程中主要采用了 SPSS 的描述统计、单因素方差分析、双相关分析等功能。

---

① 严格来说，如果受试首先判定某一测试条目不正确或不合适，就不会再选择最左侧的横线。本问卷采用这种评分方式的原因，一是该问卷的设计者是如此设计的，二是通过观察受试是否选择此横线也可以看出其认真程度。数据显示，在所有错误条目中，无受试在此横线上作标记。

9.4　二语学习者性格与语法、语用意识程度及其能力的关系

9.4.1　性格与语法能力及其意识程度

表 9 - 2 显示，总体而言，学生性格越内向，其语法能力就越强（比较外向型除外），语法能力水平随着性格外向程度的增加而递减。我们认为，比较外向型性格的学习者之所以取得最高的成绩而与总体趋势不符，可能是由于受试样本过小引起的（本研究中仅有 7 人）。而且，通过比较标准差我们还可以推测出另外一个原因：比较外向型性格的学习者之间的标准差（SD）最大，加之受试样本过小，所以导致其中个别优秀学习者的成绩对整体成绩的提升起到了至关重要的作用。通过对原数据进行追踪分析，我们发现第二种猜测有一定的合理性。在 7 名比较外向型性格的学习者中，有两人的语法得分达到了 0.88 分（总分 1 分）；如果将其剔除，剩下的平均分将会降至 0.4540，这样其与稍稍外向型性格学习者之间的差异就基本持平，从而也会低于内向型学习者。当然，如果再将受试样本扩大，完全有可能会出现平均成绩低于稍稍外向型性格学习者的情况。也可能恰恰是因为这个原因，单因素方差分析结果显示，不同性格类型学习者之间在语法能力上的差异才没有达到显著水平（$p = .562 > .05$）。

表 9 - 2　不同性格类型学习者之间语法能力水平、语法意识程度对比

		N	M	SD	Minimum	Maximum	F	p
语法能力水平	比较内向	14	.5357	.24233	.13	1.00	.690	.562
	稍稍内向	10	.4625	.23607	.13	.88		
	稍稍外向	28	.4464	.25099	.00	1.00		
	比较外向	7	.5714	.32159	.13	.88		
	总分	59	.4852	.25330	.00	1.00		

续表

		N	M	SD	Minimum	Maximum	F	p
语法意识程度	比较内向	14	1.9643	1.63012	.50	5.50	2.643	.058
	稍稍内向	10	1.3625	.74873	.38	2.38		
	稍稍外向	28	1.3125	.88159	.00	3.50		
	比较外向	7	1.5536	.78680	.25	2.50		
	总 分	59	1.5042	1.08675	.00	5.50		

表9-2还显示了不同性格类型学习者之间在语法意识程度上的差异。数据显示，与语法能力情况类似，语法意识程度也是随着性格外向程度而降低（比较外向型除外）；同样，不同性格类型之间意识程度的差异也不显著（$p = .058 > .05$）。

通过表9-3，我们发现性格类型与语法能力之间的皮尔逊相关系数为负值，说明语法能力与性格的外向程度成反比，即性格越外向，语法能力就越低；但这种相关性并不显著（$p = .762 > .05$）。同样，性格类型与语法意识程度也呈负相关，也就是说，性格越外向，其语法意识程度就越低；但这种相关性也未达到显著水平（$p = .176 > .05$）。

表9-3   性格类型与语法能力、语法意识程度之间的相关性

		语法能力	语法意识程度
性格类型	r	-.040	-.178
	p	.762	.176
	N	59	59

不少研究指出（戴炜栋、束定芳，1994；梁晓波、谭桔伶，1999；王松美，2001），虽然外向型性格的学习者具有自信、开朗、善于交际、口语比较流利等优点，但也存在着不太注重语言形式、语言欠准确等缺点；而内向型学习者则注重对语言作形式上的分析。这种性格差异使得

内向型学习者更注重语法形式与语言的准确性，所以在语法测试中也会取得更好的成绩。梁晓波、谭桔伶（1999：70）在总结原因时指出（省略号为笔者所加）：

> 　　在实际学习中，多数内向型的学生勤于用功，在学习上花费了大量的时间。而……词汇语法等本身就决定了学生得花大量的时间才可能有更好的成绩。这也就是为什么内向型的学生普遍在……语法词汇、完形填空等项目上优于外向学生的原因。

综上所述，性格类型对外语学习者的语法能力的确有一定的影响。内向型学习者由于"其沉稳的性格对有限的输入进行更细致的形式分析，尤其在注重语言形式和语言规则的课堂教学环境下占有优势"（范琳，2002）；而外向型学习者由于其反应迅速、不拘小节等特点，造成了其不注重语言形式的缺点（即语法意识程度低），因而其语法能力往往偏弱。李民、陈新仁（2007b）的研究显示，语法意识程度与语法能力水平显著相关，也佐证了本观点，即外向型学习者的性格特点决定了其语法意识程度相对低下，而语法意识程度相对低下又决定了其语法能力水平相对较低，这也符合有意注意假设的有关论述。

9.4.2　性格与语用能力及其意识程度

Ellis（1994：521）指出，外向型性格的学习者更容易习得人际交往的技巧，而这些技巧恰恰是社会语用能力赖以发展的基础。由此可以推出，外向型性格学习者的社会语用能力应该会高于内向型学习者，本实验结果也证实了此推论。通过表 9 - 4，我们可以发现语用能力水平随着性格类型的外向程度而递增。也就是说，性格越外向，其语用能力也就越高。通过单因素方差分析，我们发现不同性格类型学习者语用能力之间的差异已非常接近显著水平（$F = 2.643$，$p = .058$）。

表 9 - 4　　　　不同性格类型学习者之间语用能力、语用意识程度对比

		N	M	SD	Minimum	Maximum	F	p
语用能力	比较内向	14	.7411	.22179	.25	1.00	2.643	.058
	稍稍内向	10	.8000	.14672	.63	1.00		
	稍稍外向	28	.8571	.12131	.63	1.00		
	比较外向	7	.9107	.09449	.75	1.00		
	总　分	59	.8263	.15916	.25	1.00		
语用意识程度	比较内向	14	3.1339	1.32330	.38	4.63	3.146	.032 *
	稍稍内向	10	2.8125	.81277	1.88	4.50		
	稍稍外向	28	3.5134	.88476	1.75	5.25		
	比较外向	7	4.1786	.68029	2.75	4.88		
	总　分	59	3.3835	1.03100	.38	5.25		

*　< .05

　　如果我们将性格类型进一步归结为内向型与外向型两类，即将比较内向型与稍稍内向型归为内向型，将稍稍外向型和比较外向型归为外向型，则性格类型之间的语用能力差异达到了显著水平（见表 9 - 5）。也就是说，外向型性格学习者的语用能力要显著高于内向型学习者（$p = .015 < .05$）。

表 9 - 5　　　　　　性格类型归类后与语用能力之间的关系

	性格类型	N	M	SD	F	p
语用能力	内向型	24	.7656	.19264	6.329	.015 *
	外向型	35	.8679	.11719		

*　< .05

　　表 9 - 4 还显示了性格类型与语用意识程度之间的关系。数据显示，总体而言（除稍稍内向型外），学习者的语用意识程度随着性格的外向程度而增强，即性格越外向，其语用意识程度就越高，且性格类型对语用意识程度的影响已达到显著水平（$p = .032 < .05$）。

　　不同性格类型之间的语用能力、语用意识程度已接近或达到显著差

异，那么我们能否通过性格类型来预测语用能力水平的高低和语用意识程度的强弱呢？表 9 - 6 通过双相关分析，得出性格类型与语用能力之间具有显著的相关性（$p = .006 < .01$）。也就是说，我们可以通过性格类型较好地预测其语用能力水平。结合表 9 - 4 与表 9 - 5 的数据可以得出，性格越外向，其语用能力水平越高；性格越内向，其语用能力水平越低。同样，性格类型与语用意识程度之间也显著相关（$p = .017 < .05$），即性格越外向，其语用意识程度越高。我们认为，三者之间具有线性的影响关系，性格类型决定了其相应的意识程度，然后意识程度又影响了其相关能力水平。

表 9 - 6　　　　　　　　　　　　性格类型与语用能力的相关性

		语用能力	语用意识程度
性格类型	r	.355	.309
	P	.006 **	.017 *
	N	59	59

** $< .01$；* $< .05$

以往研究（宋广文，1994；莫雷，2005）显示，外向型性格的人更开朗，也更加注重人际交往的技巧（可以解读为语用意识程度高），所以其社交能力会更强一些。考虑到本调查问卷所涉及的主要是社会文化语用能力，由于外向型性格的学习者借助其较强的社交能力，更容易取得较高的语用能力。而内向型的学习者往往不善言谈，不太注重人际间的交流，因而其社会语用能力也就会相对弱一些。

9.5　结语

本章从回顾相关研究入手，首先指出了目前国内语用习得领域存在的不足，以及性格类型与外语学习（特别是语用习得）之间的可能关系。由此入手，笔者通过两份调查问卷，借助数据统计技术，分别考察了中国英语专业大学生的性格类型与语法能力及其意识程度、语用能力及其意识程度之间的关系。结果显示，（1）性格内向型语言学习者的语法能力和语法意识程度高于外向型学习者，但无论是组间差异还是相关性都没有达到显著水平；（2）性格内向型语言学习者的外语语用能力和语用意识程度都显著低于外向型学习者的外语语用能力，且性格类型与语用能力、语用意识程度之间都显著相关。结合对性格类型的研究和有意注意假设的探讨，笔者提出，性格类型应该会首先影响其意识程度（即注意焦点不同），然后意识程度会造成语用能力水平之间的种种差异。

此研究结果对于我们的教学实践具有一定的指导意义。首先，教师应该意识到性格类型对语法能力的发展是有一定影响的。外向型性格的学习者囿于其固有的性格特点，往往不注意对语法形式做较为细致的分析，从而会影响其语言的准确性。这就要求我们在实际教学过程中，在了解学生性格类型的基础上，突出重点、加强培养，使外向型性格学习者在保持优势的前提下获得更加全面的发展。其次，我们也应当看到性格类型对语用能力发展的显著作用，给学生（特别是内向型学生）提供相关的社会交往技巧，逐步提高其社会语用能力，从而最终提高其交际能力，协助学生产出符合目的语社会文化规范的话语。最后，研究证明了性格类型与语法、语用意识程度之间具有一定的相关性，后者之间甚至达到了较高的显著水平；而意识程度是语法、语用能力发展的前提。这要求我们在教学实际中必须首先提高学生的意识程度，让他们充分认识到语法错误、语用失误的严重性，并提供相关的技巧或策略训练，从而避免（至少减少）语法错误和语用失误。这在交际教学法流行的、"倡导流利甚于正确"（胡壮麟，2002：5）的我国当前大学英语教学环境下具有举足轻重的意义。

需要指出的是，本实验中所划分的性格类型较为宽泛，用不同的性格类型模式可能会产出不同的结果。此外，本研究所使用的调查问卷虽然具有较高的信度，但仅仅通过8条测试题目来预测学生的语法和语用能力难免有以偏概全之嫌。总之，读者和相关研究人员需谨慎解读本实验结果。

第 10 章

二语学习者习得话语标记语
well 语用功能研究[*]

本章通过语料库与调查问卷相结合的方式，以话语标记语 well 为切入点，考察我国大学生英语语用能力的发展情况。

10.1 引言

在言语交际中，说话者为了实现成功交际会采取各种各样的手段，话语标记语就是其中之一。话语标记语主要包括 well、you know、I mean、and、but 等词语（组），在这些话语标记语中，well 可以说"受到了最多的关注和研究"（Schourup, 2001：1025）。Blakemore（1992, 2002）、Jucker（1993）、Schourup（2001）及冉永平（2003）等学者对话语标记语 well 的语用功能进行了划分；Anderson *et al.*（1999），Trill（2002），何安平、徐曼菲（2003）等学者对非英语本族语使用者如何在言语交际中使用话语标记语 well 进行了定量研究。这些研究不仅有助于我们理解 well 的话语功能，而且为我们弄清二语使用者在使用此话语标记语时存在的问题作出了有益的探讨。但是到目前为止，仍然很少有研究对英语本族语使用者及中国英语专业学生如何使用话语标记语 well 的各种语用功能进行研究。有鉴于此，本章尝试采用定量与定性相结合的方法，通过语

* 本章原文发表于《外语教学与研究》2007 年第 1 期（李民、陈新仁，2007a），本书作了适当修改。

料库文本分析与调查问卷相结合的方式，探讨中国英语专业学习者习得话语标记语 well 各项语用功能的情况。

10.2   研究背景

10.2.1   理论研究

Quirk 等（1972）在他们所著的 *A Grammar of Contemporary English* 一书中，认为部分英语词（组）必须放在句首的位置，并把这些词（组）划分为两类：反应语（Reaction Signals）和起始语（Initiator）。反应语仅起回答的作用，如 no、yes、yep、em 等词；起始语不仅可以有反应语的功能，而且可以起始一段新话语，如 well、ho、ah 等词。但是，他们没有述清两个概念之间的本质区别，对在什么情况下才算真正开始一段新的话语没有界定清楚。尽管如此，他们还是对分析话语标记语 well 作出了有益的尝试，指出它不仅可以作为对上一话轮的反应语，而且可以作为起始语，引出一段命题内容全新的话轮。

Jucker（1993）基于关联理论（Sperber & Wilson，1986/1995）的有关原理，比较细致地分析了话语标记语的语用功能。就话语标记语 well 而言，她认为这个词在口语交际中可以充当"面子缓和语"（Face-threat Mitigator）、"话轮分割语"（Frame）、"短缺标记语"（Marker of Insufficiency）和"延缓语"（Delay Device）。

冉永平（2003）根据 Quirk *et al.*（1972）、Svartvik（1980）、Jucker（1993）等人的研究成果，对话语标记语 well 的语用功能进行了重新整理和划分。他指出，话语标记语 well 在交际中主要作"言语行为面子威胁缓和语"（Mitigator of Face-threatening Acts）、"言语行为延缓标记语"（Hesitation or Delay Marker）、"信息短缺标记语"（Insufficiency Marker）和"信息修正标记语"（Repair Marker）。

不难发现，上述学者对标记语 well 的功能描述缺乏必要的系统性，分类的标准也不够明确。笔者认为，well 的交际功能实际上可以从信息传递、会话组织、人际意图三个方面进行分析和分类。就信息传递而言，well 可以提示话语信息的修正；从会话组织来看，well 可以充当话语起始标记、话轮分割标记、话语延缓标记等；从人际角度看，well 可以用来缓和即将表达的负面信息给对方带来的面子威胁。这样，我们就更加容易把握 well 作为标记语的交际功能。下面，我们结合口语语料库文本中的实际数据，就话语标记语 well 在口语交际中执行的上述交际功能进行具体的说明。

（1）充当"信息修正语"（Repair Marker）

英语本族语使用者经常用 well 来提示将要修正自己的话语。例如：

1）A：How fast did you get there?

   B：I drove ninety miles an hour, ***well***, eight-five all the way to Santa Fe.

（2）充当"话语起始语"（Initiation Marker）

如同 Quirk *et al.*（1972）指出的一样，充当起始语的 well 要么重新开始一段新的对话，如 2），要么是对上一话轮（turn）回应的起始部分，如 3）。

2）Teacher：(when hearing the bell ring) ***Well***, let's begin our class.

3）A：I have tons of chutney.

   B：***Well***, how much did you pay for it?

2）中教师用了 well 来引起同学们的注意，开始一段全新的话语。3）中 B 用 well 来显示对 A 话语的接收后，开始了一个全新的话轮。

（3）充当"话轮分割语"（Frame Marker）

well 还可以用来分隔不同的话语单位，起转换话题的作用。在下例中，说话者用 well 重新回到了主题，起到了划分不同话轮单位的功能。

4）A：…but if they wanted people around to talk to, then I would be very happy to stay, and got a letter back saying we have arranged for you to stay-***well*** let's take the interview first…

（4）充当"延缓标记语"（Delay Marker）

Well 可以作为延缓话语产出的手段，为下面的话语争取更多的准备时间。例如：

5）…then first，I，you see，you may meet a lot of new words in，… *well* …，in your，er，first year. …

5）中说话者在使用 well 时仍然没有组织好下面的话语，所以他（她）用了 well 来争取更多的准备时间，显示自己的话语还没有说完。Well 在这里就被用作了"延缓标记语"，成了维持话语权（Floor）的手段。

（5）充当"威胁缓和语"（Mitigation Marker）

在有些情况下，well 还可以用来缓解某些可能引起不快的言语行为，起缓和语气和显示礼貌的作用，如下例：

6）A：Can I see them？
　B：*Well*，I'm not allowed to do that.

当然，如冉永平（2003）所述，此话语标记语在不同的语境中还有部分其他功能，但通过调查英语本族语者口语语料库（详见 10.3.2 节），笔者发现上面的五种功能几乎囊括了该话语标记语在口语交际中的所有主要用法，所以本章着重讨论中国英语专业学习者习得以上五种功能的情况。

10.2.2　实证研究

迄今为止，已有部分学者对非英语本族语者如何使用话语标记语展开了研究，作出了有益的探索。Trillo（2002）通过语料分析指出，非英语本族语者普遍缺乏运用话语标记语的能力，并因此可能导致交际失败。陈新仁（2002）分析了中国英语学习者连续三年的作文，发现总体上来说中国英语学习者在写作中能够比较有意识地使用话语标记语来提示内容之间的语义关系，但是有比较明显的个体差异：学习者有的要么不用，有的要么几乎每句话都用。基于对国际英语学习者口语语料库（LINSI）的分析，He（2003）指出 well 虽然是英语本族语者最常用的话语标记语，但中国英语学习者却很少使用；何安平、徐曼菲（2003）进一步指出，对 well 等话语标记语的使用"可能成为区别学生口语流利性发展过程的阶段性表征之一"（何安平、徐曼菲，2003：451）。通过分析中国学习者口语语料库（SECCL），Wang（2003）指出，中国英语学习者同英语本族语者相比总体上来说较少使用话语标记语，但是倾向于过多使用 and、but、I think 等标记语。

不难看出，目前很少有研究分析中国英语学习者习得话语标记语 well 语用功能的情况。有鉴于此，本章将采用定量和定性分析相结合的方法，从理解和产出两个方面，通过与英语本族语者对此词使用情况的对比，探讨中国英语专业学生习得此话语标记语各项语用功能的状况。

10.3　研究方法

10.3.1　研究问题

为了了解中国英语学习者习得话语标记语 well 各语用功能的情况，本研究着重提出了以下五个相互联系的问题：

（1）英语本族语者在口语交际中如何使用话语标记语 well 的各种语用功能？

（2）中国英语专业学习者能在多大程度上理解 well 的这些功能？

（3）中国英语专业学习者在口语中如何使用 well 的这些功能？

（4）英语本族语者使用 well 功能的情况如何影响中国英语专业学习者理解这些功能，以及中国英语专业学习者对 well 功能的理解情况如何影响他们在口语交际中对其功能的使用？

（5）英语本族语者与中国英语专业学习者在 well 语用功能的使用上有何差异？

10.3.2   研究材料

本研究采用了语料库文本分析的方法，其中英语本族语者口语语料库为 The Santa Barbara Corpus of Spoken American English（SBCSAE），该语料库是 The International Corpus of English 的美国部分。中国学习者英语口语语料库为 The Spoken English Corpus of Chinese Learners（SECCL），该语料库是南京大学承建的中国英语专业学习者二年级口语语料库。前者共有 140,982 个字符，后者包括 157,666 个字符。卡方检验显示，p 值为 0.564，说明两个语料库之间的大小没有显著差异。

10.3.3   研究工具

为了测验中国英语专业学习者对话语标记语 well 各语用功能的理解情况，笔者设计了一份由 15 个问题组成的开放式调查问卷，每项功能由三条试题测出。为了保证调查问卷的有效性，测试同一功能的试题条目未彼此相连。该调查问卷经过几次前测修改，其内部信度已达到了可接受的水平（alpha = 0.6251），说明该调查问卷的设计合理。

10.3.4   研究对象

来自南京某部属重点大学英语系大三的 35 名学生被邀参加了本研究。他们刚刚参加完英语专业四级考试，且口语成绩成正态分布，我们可以认为他们的英语口语水平与中国英语专业学生口语语料库中说话者的口语水平相同。

10.3.5   数据收集与分析

数据收集主要分为两部分：（1）收集语料库中话语标记语 well 的用法；（2）收集调查问卷中的数据。

对语料库中相关数据的收集，主要借助于数据库检索软件 WordSmith Tools。首先用此软件检索出所有使用 well 的情况，然后按照对 well 语用功能的划分到语料中去做相应的标记（Tag），最后再分别检索出各种语用功能的使用频率。为了较科学的比较各功能在不同语料库中的出现频率，笔者把原始频数都换算成了标准频数（每万字）。

调查问卷由研究对象课下完成，但要求不允许查看任何辅助资料。调查问卷收回之后，笔者和另外一个研究者对答案进行了评分。研究对象每答对一项，便得 1 分，否则 0 分。所有数据被录入社会统计学软件 SPSS 11.5，用于各种数据分析。

10.4　二语学习者习得话语标记语 well 语用功能情况

10.4.1　话语标记语 well 的总体使用情况

表 10 - 1 显示，在英语本族语者的口语交际中，话语标记语 you know 及 well 的使用频率分别排在第一、二位，他们很少使用 I think 这一二字标记语。而中国英语专业学习者使用最多的话语标记语却是 I think，其使用频率几乎是其他话语标记语总使用频率之和的一倍；其次是 you know，与英语本族语者对该词的使用频率基本一致；他们很少使用其他话语标记语，其中就包括 well。

表 10 - 1　常见话语标记语在两个口语语料库中的出现频率及其差异

话语标记语	英语本族语者		中国英语专业学习者		χ^2	p
	原始频数	标准频数	原始频数	标准频数		
you know	545	37	707	46	.976	.323
well	357	24	100	7	9.323	.002*
I mean	169	11	78	5	2.250	.134
I think	113	8	1449	92	70.560	.000*

*　< .05

英语本族语者在口语交际中经常使用 well 这一话语标记语，而中国英语专业学习者却很少使用，二者在使用频率上存在显著差异，其显著性水平为 0.002。也就是说，中国英语专业学习者显著过低地使用了这一话语标记语。

既然中国英语专业学习者较少使用话语标记语 well，我们有必要对他们使用这一话语标记语的情况作进一步调查，以便发现不足，为未来的教学与研究提供参考。

10.4.2   话语标记语 well 各语用功能的使用情况

在研究话语标记语 well 各语用功能的使用情况时，我们发现英语本族语者主要使用其"延缓标记语"和"话语起始语"功能，很少使用"信息修正语"功能；而中国英语专业学习者在口语中仅仅经常使用其"话语起始语"功能，对其他各项功能的使用都比较少，具体情况见表 10－2。

表 10－2   话语标记语 well 各语用功能在两个口语语料库中的分布情况

语用功能	英语本族语者		中国英语专业学习者		χ^2	p
	原始频数	标准频数	原始频数	标准频数		
信息修正语	22	2	1	0	[1]	[1]
话语起始语	118	8	54	4	1.333	.248
话轮分割语	56	4	10	1	1.800	1.8
延缓标记语	132	9	23	2	4.445	.035*
威胁缓和语	34	3	12	1	1.000	.317

* < 0.05

[1]：由于中国英语专业学习者对信息修正语功能的使用几乎为零，在统计中为缺省项，所以无法用卡方检验来计算其差异的显著性。

卡方检验显示，中国英语专业学习者对"延缓标记语"功能（$p = .035$）的使用显著过少，但在其他功能的使用上不存在显著差异。从所使用的中国学习者英语口语语料库中不难发现，中国学习者更加习惯使用其他方式延缓话语表达，如停顿填充语（Filler）er，erm 等与汉语中"嗯"等对应的声音符号，而不是 well。同时，中国学习者几乎没有使用 well 进行修正（尽管他们确实进行了大量修正，但只会使用 I mean 这一标记语），说明他们在信息传递的策略方面还存在问题，至少在提示修正方式的选择上过于单调，未能把握 well 的同类功能。另一方面，中国学习者能较好地使用 well 作威胁缓和语，说明他们已经具有一定的社会语用意识，并能很地道地用 well 来反映这一意识。

10.4.3　话语标记语 well 各语用功能的理解情况

从表 10 - 3 我们可以看出，中国英语专业学习者仅能较好地理解其
"延缓标记语" 及 "话轮分割语" 功能，而对 "信息修正" 功能的掌握
最差。

表 10 - 3　　中国英语专业学习者对各语用功能的理解情况
以及输入与输出的关系

语用功能	输入频率	理解情况	输出频率	相关系数 1	相关系数 2
信息修正语	2	0.2	0		
话语起始语	8	0.5	4		
话轮分割语	4	0.7	1	$p = .236$	$p = .517$
延缓标记语	9	0.8	2		
威胁缓和语	3	0.5	1		

通过计算其相关性，我们可以看出输入频率（这里指英语本族语者
的使用情况）与理解情况（指中国英语专业学习者的理解情况）的相关
系数为 0.236（即相关系数 1），理解情况与输出频率（指中国英语专业
学习者的使用频率）的相关系数为 0.517（即相关系数 2），这说明三个
变量之间虽然呈正相关，但其相关性没有达到显著性水平。也就是说，
英语本族语者对话语标记语 well 各项语用功能的使用情况对中国英语专
业学习者对其功能的理解并没有产生显著影响，中国英语专业学习者对
其功能的理解也没有显著影响其对此话语标记语的使用。

10.5　结语

本研究表明，尽管 well 是英语本族语者最常用的话语标记语之一，
但是我国英语专业学习者对 well 语用功能的使用显著偏少。就话语组织
而言，英语本族语者经常使用话语标记语 well 的 "延缓标记语" 与 "话

语起始语"功能,而我国英语专业学习者仅能经常使用其"话语起始语"及"话轮分割语"功能。此外,他们虽能较好地理解其"延缓标记语"功能,但在使用上却存在过少使用的倾向。同样,在信息传递方面,中国学习者几乎很少使用 well 来提示修正,这不能不说是一个缺陷。值得关注的是,中国英语专业学习者基本上能够像本族语者那样使用 well 来缓和面子威胁,说明他们已经具备较好的社会语用意识。相关性研究显示,中国英语专业学习者的理解情况与英语本族语者的使用情况虽然呈正相关,但却没有达到显著性水平;中国英语学习者对 well 语用功能的理解情况从一定程度上指导了他们在口语交际中的使用,但是这种相关性也没有达到显著性水平。

丁言仁(2004)根据频率假设(Frequency Hypothesis),提出学习者会潜意识地习得高频率的语言现象,文秋芳(2003a)、Ellis(2004)、桂诗春(2004)等也指出了在语言学习中频率的重要性,因此在"课程设置、大纲制定、教材编写及日常教学中充分考虑频率因素是非常有必要的"(Leech,2001:328)。根据 Schmidt 的有意注意假设,"主观注意是使输入语言变为吸收语言的必要充分条件"(Ellis,2002:173),这就需要语言学习者对某种已经达到一定频率的语言现象或特征产生注意,然后才有可能习得这一语言现象。研究(Tateyama et al.,1997;Tateyama,2001;Ellis,2002)表明,显性教学(Explicit Teaching)比隐性教学(Implicit Teaching)更有效,所以我国英语教师应该在语言教学中充分讲解以 well 为代表的话语标记语的各种语用功能,教材编纂者及教辅编写者应该向英语学习者提供话语标记语的各种语用功能及其使用场景,使我国英语学习者对英语本族语会话中常见的、但很长一段时间以来被我国传统语言教学忽视的语言特征有所了解和掌握。

最后需要指出的是,本研究由于受条件限制,在计算相关性时并没有测试同一组受试的理解水平及其产出情况,而且研究是基于我国英语专业学习者在日常学习中能够接触到一定的真实语料(比如看电影和录像、听访谈等)基础之上的,但现实情况可能并非如此,所以本研究的结果可能不是十分精确,有待用更加科学严谨的方法作进一步探讨。我国英语学习者对其他话语标记语的习得情况也亟待研究。

第 11 章

二语学习者逻辑联系语习得研究[*]

本章采用问卷调查的方式，以 therefore、however 和 for example 为例，考察我国不同水平英语学习者习得逻辑联系语的情况。

11.1　引言

阅读，从本质上来说是一个互动的过程，是读者和作者之间的对话。在阅读中，读者需要"通过视觉去辨认文章中的符号，寻求理解的线索，掌握有效的信息，从而对此进行归纳、总结、提高和创造"（郭睦兰，1997：70）。阅读的本质决定了教学大纲的内容。我国英语教学大纲历来重视阅读能力的培养，早在 1990 年颁布的《高等学校英语专业高年级英语教学大纲》（试行稿）中就明确规定，英语阅读应该"将重点放在……增大阅读量，加快阅读速度，加深理解，提高逻辑思维和判断评述的能力，引导学生抓住作品要点，分析文章的结构布局、文体修辞及语言技巧"。何善芬（2002）指出，中西方思维逻辑分别呈现螺旋形和直线形特征，在构思方式和语言组织方式上分别呈现悟性和意合与理性和形合的特点，因此汉语的语篇连贯无需借助于词汇语法等显性手段，但这些表示连贯的方式对英语则至关重要。英语中表示语篇（话语）连贯的重要手段就是逻辑联系语（Logical Connectors）。韩晓玲（2002）认为，表示

---

　　* 本章原文发表于《外语教学》2014 年第 5 期（许群航、李民，2014），本书作了适当修改。

上下文逻辑关系的联系语对弄清作者的观点和态度有着至关重要的作用。通过研究中国英语学习者逻辑联系语的习得情况，我们可以了解他们在阅读英语文章时的难点，在英语教学中我们便可以进行有的放矢的重点讲解和训练。有鉴于此，本研究以例释性逻辑联系语 for example、因果性联系语 therefore 以及转折性联系语 however 为突破口，考察中国高级英语学习者对逻辑联系语的习得情况，以期能对我国的英语教学提供一定的参考。

11.2   研究背景

逻辑联系语，又叫连接词（Conjunctions）（Halliday & Hasan，1976）、语义联系语（Semantic Connectives）（van Dijk，1979）、逻辑联系语（Logical Connectors）（Celce-Murcia & Larsen-Freeman，1983）、语义联加语（Semantic Conjuncts）（Quirk，*et al.*，1985）、话语标记语（Discourse Markers）（Fraser，1999；Blakemore，2002）等。由于不同学者从不同的角度按照不同的标准对这些词进行定义，所以这类词的具体内容也存在一定差异。鉴于本章所测试的是 for example、however、therefore 三个词，这些词更符合 Celce-Murcia & Larsen-Freeman（1983）的划分标准，所以本章的研究对象定义为逻辑联系语。

国外不少学者对逻辑联系语的理论属性进行了探讨。Halliday & Hasan（1976）认为，逻辑联系语并不是通过语法结构表现的，而是对全文成分的一种连接手段。Schiffrin（1987：31）把逻辑联系语定义为"在话语序列中非独立的、连接话语单位的成分"，并认为这种成分起局部连贯的作用，主要标志两个相邻话语之间的关系。Lenk（1998）则认为，逻辑联系语对全文的连贯性也具有制约作用。本章根据 Sperber & Wilson（1995）、Lenk（1998）、Blakemore（2002）等人的观点，认为逻辑联系语对全文的连贯性具有较大的制约作用，在很大程度上能减少读者的处理努力，较快地建立上下文之间、作者与读者之间的关联，是实现成功交际的必要手段。Halliday & Hasan（1976）把逻辑联系语分为四类：（1）表转折关系（Adversative），如 however、nevertheless、though 等；（2）表递加关系（Additive），如 and、in addition、for instance 等；（3）表因果关系（Causal），如 because、therefore、consequently 等；（4）表时间关系（Temporal），如 next、finally、before 等。这种比较宽泛的分类方法受到了不少质疑，习惯上我们仍然遵循比较细致的分类方法，认为逻辑联系语主要有以下九种类型：递加性（Additive）、对比性（Antithetic）、让步性（Concessive）、列举性（Enumerative）、推论性（Inference）、更正性（Reformulatory）、选择性（Replace）、因果性（Result）、总结性（Summation）。

部分学者采用实证的方法，考查逻辑联系语对语篇的制约作用。Goldman & Murray（1992）、Murray（1997）通过试验证明，转折性逻辑联系语比递加性和因果性联系语更难于处理。而 Nippold *et al.*（1992）则认为，转折性和因果性联系语相对于递进性和对比性联系语更容易处理。陈新仁（2002）分析了中国英语学习者在写作中使用逻辑联系语的情况。调查结果显示，中国英语学习者最经常使用的是列举性联系语，其次是推论性联系语，然后是转折性，再次是递加性，但较少使用因果性连接词。根据本章所涉及的三种联系语，我们可以认为中国英语学习者在写作中使用逻辑联系语的频率依次为：转折性 > 例释性 > 因果性。He（2003），Wang（2003），Li（2005），何安平、徐曼菲（2003）则对中国英语专业学习者在口语中使用逻辑联系语的情况进行了定量研究。他们指出，我国英语学习者过度依赖部分连接词，在 however、in addition、for instance 等词的使用上明显不足。我们仍然不清楚中国英语学习者在阅读中涉及上面几种联系语时的困难，所以本章通过调查问卷的方式，探讨中国英语学习者掌握以上几种关系的逻辑联系语的情况。

11.3　研究方法

11.3.1　研究问题

本研究的目的是为了了解逻辑联系语在阅读理解中的重要作用以及不同水平的英语学习者对逻辑联系语的掌握情况，因此可以分为下面两个研究问题：

（1）不同的逻辑联系语类型是如何影响英语阅读的？

（2）不同英语水平的学习者对不同类型的逻辑联系语的掌握情况如何？

11.3.2　研究对象

参加本研究的学生来自江苏省某省属重点高校的 60 名大学二年级学生，其中英语专业 30 人，非英语专业 30 人，分别来自于同一自然班。鉴于我国的教学实践和学生学习英语的强度及深度，笔者把英语专业的 30 人定为高水平组，非英语专业的 30 人则被视为低水平组。

11.3.3　研究工具

为了考查逻辑联系语对阅读理解的影响，本研究采用了 Ozono & Ito（2003）设计的调查问卷。该调查问卷共包括六条测试题目，属说明文文体。这六条测试题目可分为三类，每类两题，分别测试因果性（therefore）、转折性（however）和例释性（for example）逻辑联系语对阅读理解的影响；每条测试题目共有四个选项，其中的递加性逻辑联系词（in addition）为干扰项。

11.3.4　研究步骤及数据收集

调查问卷在课堂上发放给学生，并告诉他们调查问卷的成绩将会作为期末成绩的一部分，以保证他们认真对待。问卷发下后，作者在简单介绍了调查问卷的结构以后，要求学生用于每道题的时间不超过 2 分钟，且做完一道题后不允许回头修改。整个过程大约持续了一刻钟（包括作者讲解题目要求及收试卷的时间）。

收集试卷之后，作者根据正确答案给每个学生评分：答对一题给 1 分，否则 0 分。然后把基本数据录入社会统计学软件 SPSS 11.0，待进一步研究分析。

11.4　二语学习者习得逻辑联系语情况

11.4.1　逻辑联系语对阅读理解的影响情况

结果显示，中国英语学习者的平均得分为 4.15 分（总分为 6 分），标准差为 1.40。具体而言，学生在例释性逻辑联系语的选择中平均得分为 1.45 分，在因果性逻辑联系语的选择中为 1.10 分，在转折性联系语的选择中为 1.60 分，具体见表 11 - 1。整体上来说，中国英语学习者对例释性和转折性联系语的理解情况明显地比对因果性联系语要好，其差异都达到了显著水平（$p = .000$）；而例释性和转折性联系语之间则没有显著差异（$p = .060$）。

表 11 - 1　　中国英语学习者的逻辑联系语的理解情况（n = 60）

逻辑联系语	总分	for example	therefore	however
平均分	4.15	1.45	1.10	1.60
标准差	1.40	.59	.68	.58

从表 11 - 1 中我们可以看出，中国英语学习者对说明性文体中存在的转折关系比较敏感，能把握出上下文之间的关系，并且有能力选择合适的联系语。他们对文章中存在的例释关系也比较敏感，也能作出合适的选择。但是，他们对因果性逻辑联系语的掌握不是十分理想，总的来说处于不及格水平。此调查结果与他们在写作中对这些词的使用频率基本一致。按照陈新仁（2002）的研究成果，与其他类型的联系语相比，中国英语学习者在写作中也较少使用因果性逻辑联系语。

11.4.2　英语水平与逻辑联系语理解之间的关系

鉴于不同语言水平的学习者对逻辑联系语的掌握情况并不一样，所以本小节主要讨论英语水平与逻辑联系语理解之间的关系，具体见表 11 - 2。

表 11 – 2   不同语言水平组的得分情况 （n = 60）

	高水平组		低水平组		t	df	p
	平均分	标准差	平均分	标准差			
总得分	4.83	1.147	3.47	1.306	4.306	58	.000 *
for example	1.733	.449	1.167	.592	4.174	58	.000 *
therefore	1.20	.761	1.00	0.587	1.140	58	.176
however	1.90	0.305	1.30	0.651	4.569	58	.000 *

    * $p < .05$

通过表 11 – 2 我们可以看出，高水平组不论是总分还是分项得分都比低水平组高。总体而言，高水平组的得分比低水平组要高得多，这种差异已达到显著水平 （$p = .000$）。具体而言，两组之间除在因果性联系语 （therefore） 上没有显著差异外，在其他两类联系语 （即 for example 和 however） 上都存在显著差异，均为 .000。尽管如此，高水平组和低水平组对这三类逻辑联系语的理解情况基本一致，他们对转折性联系语的掌握情况最好，对因果性逻辑联系语的掌握情况最差，具体见图 11 – 1。

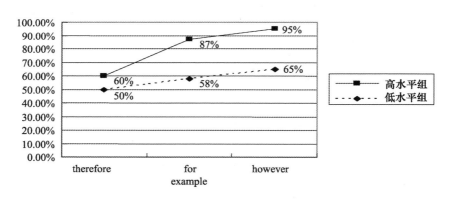

图 11 –1   不同语言水平组对三种逻辑联系语的理解情况

分析结果显示，高水平组对逻辑联系语的掌握情况总体上比低水平组要好，并且两组之间的差异在例释性和转折性逻辑联系语上达到了显著性水平；两组学生对三种联系语的掌握情况趋势一致：因果性联系语对他们来说最难以把握，转折性联系语则最容易掌握。

11.4.3　错误类型具体分析

上面我们讨论了中国英语学习者对三类逻辑联系语的总体把握情况，也分析了不同语言水平的学习者在理解这些联系语时的异同，同时我们也需要了解在选择每类联系语时学习者主要倾向于犯哪些方面的错误。

因为本研究所涉及的调查问卷共包括 6 条题目，其中每 2 条题目测试 1 种逻辑语义关系（即 1 类逻辑联系语），每个语言水平组分别有 30 人，所以每个联系语的应选次数为 60，总共会有 180 次选择机会。下面我们主要分析一下高水平组和低水平组的选择情况，具体见表 11 - 3。

表 11 - 3　　　　　　　　不同水平组对各联系语的选择情况

实际选项 \ 正确选项		for example	therefore	however	in addition	total
高分组	for example	**52**	6	2	0	60
	therefore	3	**36**	15	6	60
	however	0	1	**57**	2	60
	total	55	43	74	8	180
低分组	for example	**35**	7	6	12	60
	therefore	7	**29**	8	16	60
	however	3	9	**39**	9	60
	total	45	45	53	37	180

＊黑体加下划线部分为正确答案。

总体而言，高水平组和低水平组都比较倾向于选择表转折关系的 however，分别占所有选择项的 41.1%（74/180）和 29.4%（53/180）。因为在本研究中表递加关系的 in addition 是作为干扰项设计的，所以此联系语的选择不论是在高水平组还是在低水平组都是最低的，分别占 4.4%（8/180）和 20.6%（37/180）。但需要指出的是，高水平组对联系语的选择有一定的差异，他们较少受干扰项 in addition 的影响；低水平组在四个选项之间的选择比较平均，最高与最低选择频率之间只有 8.8% 的差距，说明他们受到了 in addition 较强的干扰，对语句中的逻辑关系把握能力较差。从一定程度上，我们可以认为高水平组学习者在选择逻辑联系语时自信心比较强，而低水平组学习者有猜测的倾向。

11.5   结语

本研究表明，高水平组和低水平组在理解和掌握逻辑标记语时的轨迹是相同的：表转折关系的最容易掌握，其次是例释性的，最后是表因果关系的。本研究结果与 Murray（1997）和 Ozono & Ito（2003）的发现有很大差异，他们都认为表转折关系的联系语对于二语学习者来说最难，这一结论恰好与本研究结果相反。Murray（1997）提出的"连贯性假设"（Continuity Hypothesis）和 Ozono & Ito（2003）提出的"认知负担说"（Cognitive Load）都不能解释中国英语学习者的习得状况。因此，本章提出，在处理说明性文体中的逻辑关系时，上下文之间的转折关系更容易引起读者注意，这种不连贯性更容易节省读者的处理努力；而连贯性语境往往不会引起读者的注意，因而更容易犯错误。因此我们建议，广大英语教师在日常英语教学中更应该注意介绍语义转折不是十分明显的逻辑联系语，从而引起学习者的注意。

由于参加本研究的学生来自于高等教育相对比较发达的江苏省，而且来自某省属重点高校，因此本研究结果是否具有广泛性和可推广性仍值得进一步探讨。

第 12 章

二语学习者语体特征习得研究

按照陈新仁（2009）的语用能力分析框架，语篇组织能力包括产出符合语体特征需求话语的能力。本章以此为出发点，采用语料库的方法，以情态动词为切入点，考察中国英语学习者对口语和笔语语体的习得情况。

12.1　引言

情态动词，作为表达情态的一种重要手段，体现了说话者或作者对所表达命题或事件的态度（Bussmann，1996：307），对其使用体现了说话者或作者的语用能力（Leech，1983）。在人际功能层面上，灵活恰当地使用情态动词，一方面可以增强话语的可接受性，使话语更加委婉、礼貌；另一方面可以增强话语的语气，使话语更加具有权威性和强迫性。因此自 20 世纪 70 年代以来，情态动词受到了越来越多的关注。国外对英语本族语者（以下简称 NSs）习得情态动词的研究已比较成熟（Major，1974；Biber *et al.*，1999；Papafragou，2000；Salsbury & Bardovi-Harlig，2000），不少学者也对二语学习者（简称 NNSs）习得情态动词的情况进行了研究（Chang，1987；Aijmer，2002；Guo，2005；刘华，2004；程晓棠、裴晶，2005）。但是目前较少有研究对语言习得过程中情态动词的文体①分布特

①　文体（Register）是一个比较宽泛的概念，不同的语言研究者有不同的定义。本章指宏观层面上的口语和笔语两种文体。

点以及由此引起的 NSs 与 NNSs 之间对其使用频率的差异做细致的考察。有鉴于此，本章以英语国家语料库（以下简称 BNC）和中国学生英语口笔语语料库（以下简称 SWECCL）为语料，探讨中国英语学习者（以下简称 C-NNSs）与 NSs 在口笔语中使用情态动词的差异，并进一步讨论造成这些差异的成因及其解决办法，以期能为我国英语教学与研究提供一定的参考。

12.2　研究背景

情态作为"人际元功能的主要语义载体"（李战子，2000），体现了说话者的"愿望、要求他人承担的责任和对事物发展趋势的判断等"（李杰、钟永平，2002），在人际交往中发挥着重要的作用，情态的主要表达方式为情态动词。英语中的情态动词又称情态助动词，传达的是作者对某一命题的态度或看法，是情态系统的重要组成部分，对情态动词的使用可以充分体现语言使用者或语言学习者对情态的掌握程度。传统语法（Quirk *et al.*，1985；Biber *et al.*，1999）根据情态动词所传达的意义，将情态动词分为三类，见表 12 – 1。

表 12 – 1　　　　　　　　　　情态动词的意义分类

Quirk、Biber 等的分类	情态动词
义务、必要	must, should, need, ought, have to
意愿、预测	will, would, shall
许可、可能、能力	can, could, may, might

功能语法学家（Halliday，1994）根据概率、频率、义务、意愿等因素，将情态动词分为高、中、低值情态动词三类，具体见表 12 – 2。

表 12 - 2 情态动词与情态值分类

情态值	情态动词
高	must, ought, need, have to
中	will, would, shall, should
低	may, might, can, could

　　通过对比传统语法和功能语法对情态动词的不同分类，可以看出这两种分类总体上有着一一对应的关系：表义务、必要含义的情态动词，其情态值就高；表许可、可能、能力含义的，其情态值就低。但 should 是唯一的例外，功能语法将其归入中值情态类，传统语法则将其置于与 must 等高值情态动词同等的地位。笔者认为 should 这一情态动词更多的是表达一种外界强加于个体的义务与责任，体现的是"必须"（required）的语义关系，而不是"假定"的语义关系，所以在本章中将其归入高值情态动词组。

　　根据 Leech（1983）的礼貌层级概念，情态动词意义的强弱对话语的礼貌程度有着重要的影响。情态值越高，说话者对命题所持的态度越肯定，强迫性越强，为听话者所留的余地也就越少，因此就会越不礼貌；相反，情态值越低，说话者对命题的态度就越不肯定，商讨性就越强，听话者选择的余地就越大，话语因此也就更有礼貌。

　　正因为情态动词是表达人际情态的一种主要手段，体现了说话者或作者对某一命题的把握程度，同时又是影响礼貌表达的一种主要因素，因此语言使用者或语言学习者对该范畴的使用情况受到了越来越多的关注。Biber *et al.*（1999：486 - 490）的调查结果显示，英语本族语者对常见情态动词的使用频率并不一致：总体而言，情态动词在口语中的出现频率比笔语中的高。在口语中 can、will、would 的出现频率比较高，在笔语中则 may、must、should 的出现频率比较高。我国学者（刘华，2004；程晓棠、裴晶，2005；王清杰，2005）发现，相对于 NSs，C-NNSs 在笔语中存在着过度使用 should、must、can 等词汇的倾向，而对 would、might、could 的使用频率则偏低。由此，我们可以看出 NNSs 与 NSs 之间在情态动词的使用频率上确实存在着较大的差异。但是，我们目前仍然不清楚 C-NNSs 和 NSs 在口、笔语中对情态动词的使用是否分别存在显著差异，以及 C-NNSs 和 NSs 之间在口、笔语中对情态动词的使用是否也存在显著差异。因此，本研究借助社会学统计软件 SPSS 13.0，通过比较英语本族语者和中国英语学习者口笔语语料库，具体分析 C-NNSs 与 NSs 在情态动词使用上的种种差异。

12.3 研究方法

12.3.1 研究问题

为了探讨 C-NNSs 与 NSs 在口、笔语中对不同情态动词的使用情况，本章从以下三个方面进行论述：

（1）中国英语学习者在口、笔语中使用情态动词有何差异？

（2）英语本族语使用者在口、笔语中使用情态动词有何差异？

（3）中国英语学习者与英语本族语使用者在口、笔语中使用情态动词有何异同？

12.3.2 研究语料

本研究主要采用了语料库文本对比的方法，其中英语本族语者语料库为英语国家语料库（BNC），所使用的学习者语料库为文秋芳、王立非、梁茂成（2005）主持研发的中国学生口笔语语料库（SWECCL）。笔者随机从两语料库中各抽取 120 万字左右的样本，具体见表 12 - 3。

表 12 - 3   语料库样本大小

语料库	文体	大小
SWECCL	口语	1，261，139
	笔语	1，008，608
BNC	口语	1，694，445
	笔语	1，281，793

12.3.3　数据收集与分析

本研究主要分两个阶段进行。第一阶段首先利用 WordSmith Tools 软件检索每个情态动词的原始频率，然后根据其所在文本语料库的总文本大小计算其标准频率①（每万字）。第二阶段就不同语言使用者对情态动词的使用情况进行一系列的语料对比：（1）SWECCL 中口语和笔语之间进行对比；（2）BNC 中口语和笔语之间进行对比；（3）SWECCL 和 BNC 的口语对比；（4）SWECCL 和 BNC 的笔语对比。对比时所使用的统计软件为 SPSS 13.0，本研究主要使用了其卡方检验功能。

12.4　二语学习者习得语体特征情况

12.4.1　中国英语学习者口笔语中使用情态动词的情况

通过表 12 – 4 最后一行，我们可以看出，总的来说 C-NNSs 在笔语中使用的情态动词数量比其在口语中的多，但这种差异并没有达到显著水平（$\chi^2 = 2.350$，$p = .125 > .05$）。按情态值划分，虽然 C-NNSs 在笔语中对高、中、低情态动词的使用都分别高于其在口语中的使用情况，但只在低值情态动词的使用上存在显著差异（$\chi^2 = 6.060$，$p = .014 < .05$）。他们无论是在口语还是在笔语中都是对低值情态动词的使用最多，对中情态动词的使用最少。就某个具体情态动词而言，C-NNSs 在笔语中存在过度使用 may 的倾向，但在其他词的使用上没有任何显著差异；且他们无论在口语还是在笔语中都对 can、will、should、must 的使用比较多，对 ought、shall、might 的使用则比较少。通过对比，我们发现 should、need、will、would、can、may 等在笔语中的使用频率比其在口语中的高，但在 must、have to、shall、could 的使用上则不如口语中的频率高。

---

① 标准频率的计算方法为：标准频率＝原始频率/总文本大小×10000，即每万字出现频率。

表 12 - 4　　　　中国英语学习者在口笔语中使用情态动词的情况

情态值	情态类型	口语		笔语		χ^2	p
		原始频率	标准频率	原始频率	标准频率		
高情态	must	2039	16	1427	14	0.133	.715
	should	3994	32	4462	44	1.895	.169
	need	623	5	1251	12	2.882	.090
	ought	10	0.08	60	0.6	a	a
	have to	1294	10	854	8	0.222	.637
	总使用频率	7960	63.08	8054	78.60	1.803	.179
中情态	will	6040	48	5584	55	0.476	.490
	would	1357	11	1372	14	0.360	.594
	shall	96	0.8	62	0.6	.000	1.000
	总使用频率	7493	59.08	7018	69.6	0.769	.380
低情态	can	10943	87	11330	112	3.141	.076
	could	1413	11	966	10	0.048	.827
	may	883	7	2231	22	7.759	.05
	might	175	1	151	1	0.000	1.000
	总使用频率	13414	106	14678	145	6.060	.014 *
总使用频率		28867	228.16	29750	293.2	2.350	.125

* $< .05$

a：样本过小，无法计算其差异。

因此，我们可以看出，C-NNSs 在笔语中使用的情态动词比其在口语中的多，但这种差异并不显著。横向而言，虽然 C-NNSs 在笔语中对高、中、低值情态动词的使用频率均比其在口语中高，但仅显著地过多使用低值情态动词组。纵向而言，C-NNSs 在口、笔语中都是对低值情态动词使用最多，对中值情态动词使用最少。C-NNSs 对 should、need、will、would、can、may 等情态动词的使用具有较强的笔语色彩，而对 must、have to、shall、could 等情态动词的使用口语特色更为鲜明。

12.4.2　英语本族语者口笔语中使用情态动词的情况

表 12 - 5 显示，在英语本族语语料库中，情态动词在口语中的出现频

率远远高于其在笔语中的出现频率，且这种差异已达到较高的显著水平（$\chi^2 = 6.453$，$p = .011 < .05$）。按情态值划分，NSs 无论在口语还是在笔语中都对高值情态动词使用最少，在口语中对低值情态动词的使用最多，在笔语中则最多使用中值情态动词。虽然 NSs 在口语中对高、中、低值情态动词组的使用均比其在笔语中多，但仅在对低值情态动词的使用上达到了显著差异（$\chi^2 = 8.000$，$p = .005 < .05$）。具体而言，相对于笔语，NSs 在口语中过多使用 can、should、need、ought、would、shall、could、might 等情态动词，但只有在 can 的使用上达到了显著水平（$\chi^2 = 13.349$，$p = .000 < .05$）。相对于口语，NSs 在笔语中则较多使用 must、will、may 等情态动词，但不存在显著差异。

表 12 – 5　　　　英语本族语者在口笔语中使用情态动词的情况

情态值	情态类型	口语		笔语		χ^2	p
		原始频率	标准频率	原始频率	标准频率		
高情态	must	755	4	610	5	0.111	.739
	should	1902	11	1142	9	0.200	.655
	need	1688	10	592	5	1.667	.197
	ought	261	2	64	0.5	0.333	.564
	have to	2283	6	766	6	0.000	1.000
	总使用频率	6889	33	3174	25.5	0.831	.362
中情态	will	3712	22	3807	30	1.231	.267
	would	5969	35	3114	24	2.051	.152
	shall	284	2	94	0.7	0.333	.564
	总使用频率	9965	59	7015	54	0.140	.708
低情态	can	7858	46	2164	17	13.349	.000 *
	could	3062	18	1886	15	0.273	.602
	may	1112	7	1458	11	0.889	.346
	might	1585	9	675	5	1.143	.285
	总使用频率	13617	80	6183	48	8.000	.005 *
总使用频率		30471	172	16372	128.2	6.453	.011 *

* < 0.05

也就是说，NSs 主要在口语中使用情态动词，在笔语中则尽量避免使用带有明确主观色彩的情态动词；在口语中多用低值情态动词，笔语中多用中值情态动词，但口笔语中均较少使用高值情态动词。虽然 NSs 在口语中对各值情态动词的使用都比其在笔语中多，但仅显著过多使用低值情态动词组。can、should、need、ought、would、shall、could、might 等情态动词具有较强的口语色彩，而 must、will、may 等则具有较强的笔语特征。

12.4.3　中国英语学习者与英语本族语者在情态动词使用上的差异

1. 口语中情态动词的分布差异

通过对比分析 C-NNSs 与 NSs 在口语中使用情态动词的差异，我们发现，总体而言 C-NNSs 在口语中显著地过多使用情态动词（$\chi^2 = 8.102$，$p = .004 < .05$）。按不同情态值分类，C-NNSs 虽然在口语中对高、中、低值情态动词的使用频率均比 NSs 的使用频率高，但仅显著地过多使用高值情态动词组（$\chi^2 = 9.375$，$p = .002 < .05$）。相对于 NSs，C-NNSs 在口语中显著地过多使用 must、should、will 和 can，对 have to 的使用也比较多；而对 would 和 might 两个情态动词的使用则明显偏少，对 need、ought、shall、could 等词的使用频率也偏低，对 may 的使用频率则不存在任何差异。具体见表 12 - 6。

表 12 - 6　　中国英语学习者与英语本族语者在口语中使用
各种情态动词的情况对比

情态值	情态类型	中国英语学习者		英语本族语者		χ^2	p
		原始频率	标准频率	原始频率	标准频率		
高情态	must	2039	16	755	4	7.200	.008 *
	should	3994	32	1902	11	10.256	.002 *
	need	623	5	1688	10	1.667	.197
	ought	10	0.08	261	2		a
	have to	1294	10	2283	6	1.000	.317
	总使用频率	7960	63.08	6889	33.00	9.375	.002 *

续表

情态值	情态类型	中国英语学习者		英语本族语者		χ^2	p
		原始频率	标准频率	原始频率	标准频率		
中情态	will	6040	48	3712	22	9.657	.002*
	would	1357	11	5969	35	12.522	.000*
	shall	96	0.8	284	2	0.333	.564
	总使用频率	7493	59.8	9965	59	0.008	.927
低情态	can	10943	87	7858	46	12.639	.000*
	could	1413	11	3062	18	1.690	.194
	may	883	7	1112	7		b
	might	175	1	1585	9	6.400	.011*
	总使用频率	13414	106	13617	80	3.634	.057
总使用频率		28867	228.88	30471	172	8.102	.004*

*　< .05

注：a：样本太小，无法计算其差异值。

b：因为此处频率一致，故在计算时为常量，因此无法用卡方检验。

2. 笔语中情态动词的分布差异

表 12-7 显示，与口语中情况类似，C-NNSs 在笔语中总体上也显著地过多使用情态动词（$\chi^2 = 64.667$，$p = .000 < .05$）。就不同情态值而言，C-NNSs 在笔语中显著地过多使用高值（$\chi^2 = 26.752$，$p = .000 < .05$）和低值情态动词（$\chi^2 = 48.751$，$p = .000 < .05$），对中值情态动词的使用也比较多。就具体情态动词而言，相对于 NSs，C-NNSs 在笔语中显著地过多使用 must、should、will 和 can 等情态动词，对 need、ought、have to、may 等词的使用也比较多；而对 would、shall、could、might 等词的使用则比英语本族语使用者少，但无显著差异。

表 12 - 7　　中国英语学习者与英语本族语者在笔语中使用
各种情态动词的情况对比

情态值	情态类型	中国英语学习者		英语本族语者		χ^2	p
		原始频率	标准频率	原始频率	标准频率		
高情态	must	1427	14	610	5	4.263	.039*
	should	4462	44	1142	9	23.113	.000*
	need	1251	12	592	5	2.882	.090
	ought	60	0.6	64	0.5	0.000	1.000
	have to	854	8	766	6	0.286	.593
	总使用频率	8054	78.6	3174	25	26.752	.000*
中情态	will	5584	55	3807	30	7.353	.007*
	would	1372	14	3114	24	2.632	.105
	shall	62	0.6	94	0.7	0.000	1.000
	总使用频率	7018	69.6	7015	54.7	1.800	.180
低情态	can	11330	112	2164	17	69.961	.000*
	could	966	10	1886	15	1.000	.317
	may	2231	22	1458	11	3.667	.056
	might	151	1	675	5	2.667	.102
	总使用频率	14678	145	6183	48	48.751	.000*
总使用频率		29750	293.2	16372	127.7	64.667	.000*

*< .05

也就是说，C-NNSs 在笔语中存在过度使用情态动词的情况，他们不仅在总数上，而且在高、低值情态动词组，以及在 must、should、will 和 can 的使用上均显著多于 NSs 的使用情况。

总体而言，相对于 NSs，C-NNSs 无论在口语还是笔语中都显著地过多使用情态动词；在两种文体（口语和笔语）中都显著地过多使用 must、should、will 和 can 等情态动词。在口语中，C-NNSs 对 would 和 might 的使用显著偏低，但在笔语中不存在任何显著少用的情况。

12.5　结语

通过上面的数据分析，我们可以得出以下结论：

（1）中国英语学习者在口语中使用的情态动词总数与其在笔语中的使用情况无显著差异，但与英语本族语者相比较，他们无论在口语还是笔语中都非常显著地过多使用了情态动词。英语本族语者在口语中使用情态动词的频率显著地高于其在笔语中的使用频率。因此，我们可以看出英语本族语者主要在口语中使用情态动词，情态动词具有较强的口语特征，但在笔语中并不作为表达人际情态的主要手段。这种差异体现了中国英语学习者对情态动词的文体特征并没有完全掌握，笔语中仍然具有较强的口语特征，这也与文秋芳、丁言仁、王文宇（2003）的研究结果相一致。

（2）中国英语学习者在口笔语中对 can、will、should、must 等词汇的使用都比较多，但 must、have to、shall、could 具有较强的口语特征，而 should、need、will、would、can、may 具有较强的笔语特征。英语本族语者在口笔语中对 would、can、could、will、should 的使用频率都比较高，但 can、should、need、ought、would、shall、could、might 等情态动词具有较强的口语特征，must、will、may 则具有较强的笔语特征。因此，中国英语学习者将具有较强口语特征的 should、would、can、will 等词语误用在笔语中，将具有较强笔语特征的 must 误用在了口语文体中。这说明，中国英语学习者存在语体混用的情况，对语言文体特征之间的区别意识不强。

（3）相对于英语本族语者，中国英语学习者在口语中显著地过多使用了高值情态动词组，对 must、should、will 和 can 等词的过多使用也存在显著差异，而对 would 和 might 两个情态动词则显著地少用。在笔语中，中国英语学习者显著地过多使用了高值和低值情态动词组，对 must、should、will 和 can 等的过多使用也达到了显著水平。由此我们可以看出，中国英语学习者无论在口语还是在笔语中都过多地使用了高值情态动词，过多地使用了 must、should 等词语，这些情态动词表示的是外部（社会）

强加于个人之上的义务、责任，具有很大的强制性，因此话语听起来可能不礼貌、具有冒犯性（Altman，1990）。而在相同情况下，英语本族语使用者更倾向于使用 need 这一标志内在责任感的词语（郑晓园，1999），或者如 Biber *et al.*（1999：489）指出的那样，用边缘情态动词（如 have to、be going to、used to 等）来表达义务或必要。

本研究进一步验证了 Cobb（2003）、文秋芳、丁言仁、王文宇（2003）的研究成果，认为二语学习者在书面语中确实存在口语化倾向。中国英语学习者过多地利用高值情态动词，可能使话语强迫性更强，对面子的威胁更大。笔者认为这主要受到了母语负迁移的影响，说话者直接将母语中的"应该"译为 must 和 should，忽视了汉语中的"应该"还可以表达建议、预测、可能等，而 must 和 should 在英语中仅表达责任，中国英语学习者没有考虑到这两种表达方式之间的逻辑语义和语用场景的不对等性，从而产生了误用。同时，我们也不排除这是由于语言学习者语言水平不高、表达方式单一造成的，这一点在笔语中更为突出。要解决此类问题，需要我们"有足够的典型阅读材料进行分析揣摩，有足够的时间进行模仿和练习"（杨玉晨，1998：25），广大的英语教师还应该指导学生分析所学材料中的"语气、风格及表达方式和手段，正确理解情态动词及其用法"（同上），只有这样才能把英语说（写）得准确具体、礼貌委婉。

值得指出的是，本章受笔者水平所限，语料选择不尽完善，没有充分考虑被分析材料作者的年龄、学历、性别等因素，而这些因素可能会使本章的研究结果有一定的局限性。因此，本章研究结果与结论有待于进一步探讨。

第 13 章

二语学术语用能力研究

本章以第一人称代词为切入点，采用自建学术论文语料库的方式，重点考察我国英语学习者学术论文中对第一人称代词的使用及其身份构建的情况，揭示我国英语学习者学术语篇中语用能力的发展现状。

13.1 引言

随着教育国际化的发展，越来越多的中国学生到国外留学，也有越来越多的国际学者来国内讲学或者授课，国内高校教师也有着强烈的与国外教授沟通、阅读英文学术文献以及在国际期刊发表论文的需求（Zuengler & Carroll, 2010）。在这一过程中，学术英语（EAP）的作用愈发突出（蔡基刚, 2012）。当前，学术英语已成为获取科学知识、发布研究成果、进行学术交流的主要手段（Hyland & Hamp-Lyons, 2002；Martínez, 2005）。但针对学术英语的研究却是一个相对较新的学科，在许多课题上尚未取得一致意见。学术语篇的互动性即是其中的议题之一。

学术语篇的互动性，指的是学术语篇不仅仅是传递命题内容的方式，还是协调作者与读者、与期刊编辑、与所在话语社团关系的手段。从人际的角度来看，学术论文是自我表征的一种重要手段（Hyland, 2002）。传统教材一直过于强调学术语篇的客观性，忽视其互动性，一般都建议作者避免使用人称代词（Lester, 1993；Spencer & Arbon, 1996）。但越来越多的研究发现学术语篇中人称代词的使用频次并不低（Lillis, 1997；Hyland, 2001, 2002），而且学术语篇作者还会借助人称代词来构建不同的作者身份（Authorial Identity），从而体现自己的立场和态度（Kuo，1999；Tang & John，1999；Hyland，2002；Harwood，2005a，2005b，2005c）。然而，由于受传统教材的影响，学术新手和二语学习者在撰写学术论文时对能否使用人称代词以及如何使用人称代词仍存在诸多困惑，也经常犯一些语用失误（Flowerdew，2000；Martínez，2005；Luzón，2009），但相关实证研究却相对较少（Hyland，2002；Williams，2012），针对中国英语学习者的研究更是凤毛麟角。鉴于此，本章以 *Language Learning* 和 *Chinese Journal of Applied Linguistics*（《中国应用语言学》）中的学术论文为语料来源，重点考察我国作者和英语本族语者对第一人称代词的使用及其构建的作者身份的异同，以期进一步揭示学术论文的互动性特征，为二语学术论文的写作提供参考。

13.2　研究背景

13.2.1　学术论文中第一人称代词的使用情况

尽管传统教材（如 Lester，1993；Spencer & Arbon，1996）一直不鼓励在学术语篇中使用人称代词，但越来越多的研究发现其使用频次并不低。Hyland（2001，2002）发现，专家型学者学术论文中第一人称代词的平均出现频率是 4/1000，每篇论文平均使用近 23 个。在所有的第一人称代词中，其复数形式的使用频次最高（Kuo，1999；Hyland，2001）。但比较有争议的是，Harwood（2005c）认为学术论文中的"we"大多是"排他性 we"（Exclusive we），"包容性 we"（Inclusive we）很少出现在学术论文中。而有些研究则正好相反，认为"包容性 we"的出现频次要高于"排他性 we"（Tang & John，1999；Hyland，2002）。

学术论文中第一人称代词的使用也存在文化差异。Dueñas（2007）发现，英语学术论文中第一人称代词（特别是 us 和 our）的使用频次要高于西班牙语的学术论文，且前者主要出现在结果与讨论部分，而西班牙语论文则很少在这两部分使用人称代词。此外，汉语学术论文中对第一人称代词的使用也低于英语论文（张曼，2008）。

二语学习者在学术论文中对人称代词的使用与本族语者也存在较大

差异。总体而言，二语学习者在学术论文中对第一人称代词的使用频次显著低于英语本族语者（Hyland，2002；Martínez，2005；Luzón，2009），但对 I 的使用比例要高于英语本族语者（Harwood，2005b）。

13.2.2　学术论文中第一人称代词的使用语境

在学术论文中使用第一人称代词，一般会起到一定的语篇或者语用功能。例如，Harwood（2005a，2005b）认为，第一人称代词在学术语篇中发挥着非常重要的作用：既可以起到组织语篇、指引读者的功能，也可以表明态度、体现立场，还可以重述实验步骤和方法、提高研究的信度、凸显研究的独特性，因此对学术语篇互动性的构建发挥着重要作用。

尽管第一人称代词在学术语篇中能发挥多种语用功能，但其具体功能分布存在较大差异。比如，作者如果在导言中使用人称代词，一般会凸显其研究的新颖性、原创性；如果用在文章结尾，则会强调自己研究发现的价值；如果用在方法论部分，则会强调自己在研究方法方面的创新（Harwood，2005a）。

此外，第一人称代词所发挥的语用功能也存在一定文化差异。比如，Dueñas（2007）发现，英语本族语者主要使用第一人称代词来汇报研究过程，而西班牙语作者则主要用第一人称代词来说明其论点。

二语学习者与英语本族语者学术语篇中第一人称代词的语用功能也存在一定差异。英语本族语者对凸显论点、强调主张、陈述研究结果等语用功能的使用显著高于二语学习者（Hyland，2002）；二语学习者对汇报研究过程、陈述共有知识、明确研究目标等语用功能的使用则高于英语本族语者（Hyland，2002；Martínez，2005；Luzón，2009）。

与上述研究不同，Tang & John（1999）分析了第一人称代词所构建的作者身份。他们指出，学术语篇中的第一人称代词可以起到团体代表者（Respresentative）、内容指引者（Guide through the essay）、内容构建者（Architect of the essay）、研究过程重述者（Recounter of research process）、观点持有者（Opinion-holder）和观点发起者（Originator）这六种身份（详见本章第 3 部分）。他们发现，学习者论文中主要使用了团体代表者和论文指引者这两种身份。

尽管学术语篇中的第一人称代词及其构建的作者身份已引起了研究

者的注意，并引发了一定的讨论和研究，但仍有以下问题需要解决：（1）对二语学习者在学术论文中构建的作者身份的研究相对不足；（2）对应用语言学语体中第一人称代词的调查不足；（3）对"包容性 we"和"排他性 we"区分不清。鉴于此，本研究以 *Language Learning* 和 *Chinese Journal of Applied Linguistics* 中发表的应用语言学类学术论文为语料来源，以 Tang & John（1999）提出的身份类型为理论框架，重点调查中外学者在英语学术论文中对第一人称代词的使用情况，并对其构建的作者身份进行对比分析。

13.3　研究框架

本章采用 Tang & John（1999）构建的理论框架，将学术语篇中第一人称代词构建的作者身份分为团体代表者、内容指引者、论文构建者、研究过程重述者、观点持有者和观点发起者六类。

13.3.1　团体代表者

所谓团体代表者，指学术论文作者通过第一人称代词将自己构建为某一团体的代言人，将自己视为团体的一部分，强调团体属性。在 1）中，we 指代全体语言使用者，强调了后面内容的普遍性，作者通过 we 强调了自己仅仅是这一普遍知识的汇报者的身份。

1）Deictic gestures have a pointing function, either actual or metaphoric. For example, *__we__* may point to an object in the immediate environment, or *__we__* may point behind us to represent past time. （Lazaraton, 2004：84）

团体代表者还可以指代由作者和读者构成的小团体，如 2）中的画线且加黑部分。在本例中，作者使用的 we 为"包容性 we"，既包括作者也包括读者。作者通过 we 的这种用法，将读者引入论文，与读者一起将命题内容引出，强调了知识的共有性，也属于团体代表者的角色。

2）If *we* analyze the interactional data closely, however, *we* can see that there are fundamental problems in terms of construct validity in a quantitative paradigm. （Seedhouse, 2005: 549）

13.3.2　内容指引者

此身份更像是一个导游，将读者的注意力引向论文中一些显而易见的内容，此时多与 see、note、observe 等表心理过程（Halliday, 1994）的动词连用，起到了指引讨论焦点的作用，如 3）中的人称代词。

3）As *we* saw above, T's turn in line 5 operates on a number of levels. （Seedhouse, 2005: 561）

上例中作者通过使用人称代词"I"和"we"，将读者的关注焦点指向了其他章节或例子的内容，起到了指引方向的作用。我们将人称代词凸显的这种作者身份称为内容指引者。

13.3.3　论文构建者

所谓论文构建者，指学术论文作者通过人称代词凸显自己是研究的设计者（如例 4 中的 we）和论文内容的组织者（如例 5 中 my）等角色。

4）With these concerns in mind, *we* aimed to understand the processes of one to-one tutoring that formed the core pedagogical activity in the proven success of the Pathways to Education Canada Program（Rowen, 2012; Rowen & Gosine, 2006）. （Cumming, 2013: 141）

5）*My* concern in this section is not with the results of studies that have investigated L2 explicit knowledge but with（a）what aspects of explicit knowledge they have examined and（b）how they have measured these aspects. （Ellis, 2004: 245）

尽管"内容指引者"与"论文构建者"较难区分（Hyland, 2002），但从 Tang & Johnson（1999）的论述来看，前者主要涉及微观层面，凸显段落或者章节之间的关系，侧重已知或已述的内容；后者主要涉及宏观层面，强调内容或主题的组织架构，侧重未知或未述层面。

13.3.4　研究过程重述者

学术论文作者还会通过人称代词来叙述研究的过程，以达到增强研究信度、彰显研究独特性的目的，如6）中的画线且加黑部分。

6）First, *I* conducted a preliminary content analysis that revealed that Stage I of the CLBA Reading Assessment is primarily comprised of bottom-up questions that mainly test vocabulary knowledge and transcoding rather than reading comprehension, whereas Stage II elicits a wider variety of bottom-up and top-down strategies. （Abbott, 2006: 647）

13.3.5　观点持有者

在论文中，作者有时需要借助第一人称代词表明自己对前人观点的态度和立场。Tang & Johnson（1999）认为此时的人称代词构建的是观点持有者的身份，如7）中的"I"。

7）Ellis (personal communication, January 2005) points out that mainstream SLA researchers do base their quantification on the interaction arising from tasks, that is, on the task-in-process, and *I* agree that this is the case. （Seedhouse, 2005: 550）

13.3.6　观点发起者

有时，学术论文作者并不凸显自己与前人观点之间的联系，而是通过第一人称代词将某一观点作为一个全新命题的形式提出来。Tang & Johnson（1999）认为此时的人称代词起到了观点发起者的角色，如8）中的画线且加黑部分。

8）To conclude this consideration of nativelikeness in late L2A, *I* would like to suggest that investigations of the upper limits of attainment in late L2A could profit by targeting an underrepresented group, namely late L2 learners who are L2 – dominant. (Birdsong, 2006: 22)

此时的人称代词凸显了作者与研究发现之间的关联，显示了作者对所作结论的责任 (Tang & John, 1999; Hyland, 2001)，强调了研究的新颖性和重要性 (Raymond, 1993)。

13.4　研究方法

13.4.1　研究问题

本研究旨在考查我国笔者与英语本族语者在英语学术论文中对第一人称代词的使用及其构建的作者身份情况。具体来说，本研究包括三个研究问题：

（1）我国笔者与英语本族语者在英语学术论文中对第一人称代词的使用有何异同？

（2）我国笔者与英语本族语者在英语学术论文中通过第一人称代词构建的作者身份有何异同？

（3）我国笔者与英语本族语者在构建相同作者身份时选用的人称代词有何异同？

13.4.2　研究语料

本研究选用的中国学者的论文语料来源于 *Chinese Journal of Applied Linguistics*。该刊物由中国英语教学研究会主办，是国内唯一刊登用英语写成的有关应用语言学研究论文的外语类学术期刊，论文作者大多是高校英语教师或者拥有硕士学位以上的研究者，其学术论文的语言特征具有较高的代表性。本研究选取了该刊物 2011 年度发表的、作者为一人的 36 篇研究论文。

英语本族语者语料来源于 *Language Learning*。该刊物由 Blackwell 出版社出版，是国际应用语言学研究的权威期刊。遵循参照语料库应大于学习者语料库的建库规则（梁茂成、李文中、许家金，2010），本研究选取了该刊物 2002—2013 年间、作者为一人、由英语本族语者撰写的 38 篇研究论文。需要指出的是，在教育国际化的今天，根据论文辨识英语本族语者有一定困难。本研究采取了两个指标：（1）论文的作者单位必须在英、美、加、澳、新等英语国家；（2）作者的姓氏须是传统的英语姓氏拼写模式，如 Fløttum、Sasai、Jiang 等作者撰写的论文不会进入本章的英语本族语者语料库。

因本章旨在对学术论文作者对第一人称代词及其构建的作者身份展开调查，故标题、摘要、关键词、图表、访谈、脚注、附录、参考文献、作者及其单位简介等均为无关信息。删除这些信息后，中国学者的英语学术论文语料库共 167867 个词符，英语本族语者的论文语料库共 321065 个词符。

13.4.3　数据收集与分析

本研究首先将 PDF 格式的中外期刊论文转换为纯文本格式，之后手工删除了标题、摘要、作者简介等无关信息，并通过 EditPad 的拼写检查功能对转换格式后的语料进行了检查。在计算语料库规模时，本研究事先通过 Corpus Toolkit 进行了断词处理，将类似于"they've"的缩写词统计为两个词符。

语料净化后，笔者对语料中的第一人称代词进行了手工标注。因例句［如 9）］、转引［如 10）］、翻译［如 11）］中的人称代词不属于论文作者自己的话语，故在手工标注时予以排除。

9）Example：This treatment cost *me* a grand.

10）Nevertheless, as Mitchell and Myles（1998）pointed out, "*we* still know very little about what might constitute 'readiness' to acquire any given item."

11）For instance, when a learner correctly used-*te i-*（*ru*）in the present tense, as in *Ima benkyoo-shi-te i-ru*（*I* am studying now）, it was counted as one SOC.

　　手工标注完成后，笔者邀请课题组一位英语教师（应用语言学方向硕士）与笔者一起，参照 Tang & John（1999）的理论框架对人称代词构建的作者身份类型进行了手工标注。标注完成后，笔者通过 AntConc 3.2.2 的 Concordance 功能检索了第一人称代词及其构建的身份类型的原始频次，并将数据录入梁茂成教授研发的 Loglikelihood and Chi-square Calculator 1.0 进行相关数据检验。

13.5　二语学术语用能力习得情况

13.5.1　第一人称代词的使用情况

　　从文献回顾中我们可以看出，虽然人们已经对学术论文中的第一人称代词进行了考查，但现有研究较少涉及应用语言学领域，对二语使用者的考察也相对不足。本节旨在解答上述两个问题。

　　数据显示（表 13 – 1），中国学者在英语学术论文中对第一人称代词的使用略高于英语本族语者，但差异并未到达显著水平（13.6 vs. 15.3，$\chi^2 = 2.6552$，$p = .013$）。也就是说，中国学者在学术论文中对第一人称代词的使用要高于英语本族语者。这一发现与 Hyland（2002）、Martínez（2005）等的结论正好相反，他们都发现二语学习者在学术论文中对第一人称代词的使用会低于英语本族语者。本研究结果与上述研究不一致的原因可能有三：（1）英语水平不同。本研究的论文作者大多是高校教师，均属高级英语学习者，对英语学术论文语体的掌握可能会高于中低水平二语学习者，所以其产出的学术论文与英语本族语者更相近。（2）专业知识不同。本研究所选论文为应用语言学论文，作者所具备的学术英语文体知识要高于其他专业（如工程、医学、商学）学习者。（3）母语不同。本章语料来自母语为汉语的大陆学者，而 Hyland（2002）的分析对象是香港学生，Martínez（2005）和 Luzón（2009）分析的是母语为西班牙语的英语学习者，母语差异也可能是造成研究结果差异的因素之一。

　　就具体词汇而言，英语本族语者对 I 和 we 的使用高于我国学者，但对 my、our 和 us 的使用则低于我国学者。其中，我国学者对 our 和 us 的使用显著高于英语本族语者（1.2 < 3.1，$\chi^2 = 23.9284$，$p = .000 < .001$；

0.5 ＜ 1.5，$\chi^2 = 12.9092$，$p = .000 ＜ .001$）。这是否显示国外论文更注重对第一人称代词单数形式的使用，而国内论文更倾向于使用其复数形式呢？归类后的数据显示，我国学者对第一人称代词复数形式的使用显著高于英语本族语者［7.6（5.9 + 1.2 + 0.5）vs. 10.1（5.5 + 3.1 + 1.5），$\chi^2 = 7.7359$，$p = .005 ＜ .01$］，但对其单数形式的选择则低于后者［6.0（4.8 + 1.1 + 0.1）vs. 5.3（4.0 + 1.2 + 0.1），$\chi^2 = 0.6625$，$p = 0.416$］。由此可以看出，虽然中外论文中第一人称代词的总体使用频数并无显著差异，但英语本族语者更倾向于使用其单数形式（I、my、me），而我国学者则倾向于选择其复数形式（we、our、us）。

表 13 - 1   　　　　　　　中外作者对第一人称代词的使用情况

人称 代词	英语本族语者		中国学者		χ^2	p
	原始频次	标准频次	原始频次	标准频次		
I	154	4.8	68	4.0	1.3507	.245
we	189	5.9	92	5.5	0.1897	.574
my	34	1.1	21	1.2	0.3613	.548
our	40	1.2	52	3.1	23.9284	.000 ***
me	3	0.1	1	0.1	0.1546	.694
us	16	0.5	25	1.5	12.9092	.000 ***
合计	436	13.6	259	15.4	2.6552	.103

*** ＜.001；标准频次为每万字。

那么，中外作者对第一人称代词的不同选择说明了什么问题呢？Kuo（1999）、Hyland（2001）等指出，第一人称代词的复数形式强调了个人的团体属性，凸显了所述知识的共享性，能起到缓和面子威胁的功能；而其单数形式更强调观点的独特性和新颖性，因此话语所承载的面子威胁要大。据此可以看出，国外论文更倾向于通过第一人称来凸显研究的独特性和新颖性，而国内论文更倾向于通过第一人称代词的复数形式来凸显自己的团体属性，弱化个体特征，缓和话语的面子威胁性。此外，Hyland（2002）还指出，学术论文中的人称代词多处于主位（Theme）位置，这样不仅能够凸显重要信息，强调相关论述的归属性，而且能够起到控制语篇互动方向的目的（Gosden，1993）。本研究中英语本族语者对多处于述位（Rheme）位置的 our 和 us 的显著少用及对处于主位位置的 I 和 we 的多用都说明英语本族语者更强调信息的来源，凸显作者对语篇的控制，而我国学者更倾向于弱化这一角色。

13.5.2 第一人称代词构建的身份情况

既然中外作者在学术论文中对第一人称代词的使用频次存在一定差异，那么通过这些人称代词所构建的作者身份是否也存在较大差异呢？调查显示（表 13-2），英语本族语者通过第一人称代词主要构建了观点发起者、团体代表者、论文构建者和内容指引者这四种身份；而我国学者则主要构建了团体代表者、观点发起者和研究过程重述者这三种身份。其中，我国学者对团体代表者（4.7 ＞ 3.0，$\chi^2 = 9.4591$，$p = .002 ＜ .01$）和研究过程重述者（3.6 ＞ 1.6，$\chi^2 = 20.1364$，$p = .000 ＜ .001$）这两种身份的使用显著高于英语本族语者，对内容指引者（1.2 ＜ 2.2，$\chi^2 = 5.8564$，$p = .016 ＜ .05$）和论文构建者（1.4 ＜ 2.6，$\chi^2 = 6.7262$，$p = .000 ＜ .001$）两种身份的选择则显著低于后者。

表 13-2　　中外作者通过第一人称代词构建的作者身份情况

作者身份	英语本族语者		中国学者		χ^2	p
	原始频次	标准频次	原始频次	标准频次		
团体代表者	95	3.0	79	4.7	9.4591	0.002 **
内容指引者	70	2.2	20	1.2	5.8564	0.016 *
论文构建者	83	2.6	24	1.4	6.7262	0.010 **
研究过程重述者	51	1.6	61	3.6	20.1364	0.000 ***
观点持有者	14	0.4	3	0.1	2.0995	0.147
观点发起者	123	3.8	72	4.3	0.5803	.446

　　* ＜ .05；** ＜ .01；*** ＜ .001。

上述发现可从以下方面进行解读：（1）我国学者对团体代表者这一身份的显著多用与集体主义文化有关。Ohta（1991）、Scollon（1994）等指出，在集体主义为主流文化的亚洲国家中，个人一般不会凸显其个体性，而是强调其集体属性。正是由于集体主义的影响，我国学者对团体代表者这一身份的使用显著高于英语本族语者。但是，我们发现英语本族语者对团体代表者这一身份的选择也比较高，这说明即使是英语本族语者，在学术论文中也经常借助共有知识来展开论述，但其依赖程度要低于我国学者。（2）对研究过程重述者的显著多用似乎是二语学习者的普遍特征。Martínez（2005）、Luzón（2009）等发现，西班牙语的英语学习者在论文中对汇报研究过程这一语用功能的使用频次显著高于英语本族语者，这与本研究发现的我国学者的情况类似。因此，我们认为通过人称代词描述研究过程似乎是二语学习者撰写学术论文时的普遍发展性特征。（3）我国学者对内容指引者和论文构建者两种身份的显著少用说明我国学者不善于凸显个人对语篇或者研究的控制力。不论是内容指引者还是论文构建者，其实都是用来凸显作者本人是如何构建语篇、如何选择研究课题的。通过人称代词来凸显这些意图比使用无灵主语（Inanimate Subject）更能凸显作者的个体性。（4）我国学者与英语本族语者对观点发起者这一身份的选择都比较高，这与学术论文的语体要求有关。学者在撰写学术论文时，需要凸显自己的观点与主张，强调其研究的独特性与新颖性，所以不论是我国学者还是英语本族语者对观点持有者这一身份使用均比较多。（5）观点持有者指作者通过人称代词表达与前人观点的异同。在学术论文中陈述别人观点时，如果凸显与以往观点相同，则会降低其研究的新颖性；如果强调与以往研究的不同，则可能损害所提及作者的正面面子需求。因此，不论是我国学者还是英语本族语者对观点持有者身份的使用均最低。

13.5.3　构建不同作者身份时的第一人称代词选择情况

在上一节中，我们发现中外学者对第一人称代词构建的作者身份类型的使用偏好各异。那么，他们在构建相同身份类型时选用的人称代词是否也存在较大差异呢？本节旨在对这一问题进行探讨。

调查显示（表13-3），英语本族语者在构建团体代表者这一身份时主要选用了 we 这一形式，其使用频次接近 our 和 us 的两倍和九倍。基于百分比的卡方检验显示，英语本族语者在构建团体代表者这一身份时对 we 的使用频次显著高于 our 和 us（$\chi^2 = 45.620$, $df = 2$, $p = .000 < .001$）。

而我国学者在构建这一身份时对 we、our 和 us 的使用频次则差别不大，介于 24%—43%，差异并不显著（$\chi^2 = 5.420$, df $= 2$, $p = .067 > .05$）。也就是说，英语本族语者在构建团体代表者这一身份时主要依靠 we；而我国学者的选择则比较均衡，对 we、our 和 us 的使用差别不大。这说明，在构建团体代表者时，英语本族语者多使用处于主位位置的 we 凸显其个体身份，而我国学者这方面的能力显著偏弱。

表 13 – 3　　　　构建团体代表者和内容指引者时对第一人称代词的
选用情况

| 人称代词 | 团体代表者 | | | | 内容指引者 | | | |
| | 英语本族语者 | | 中国学者 | | 英语本族语者 | | 中国学者 | |
	原始频次	百分比	原始频次	百分比	原始频次	百分比	原始频次	百分比
I	0	0	0	0	23	32.8	2	10
we	59	62.1	34	43.0	43	61.4	15	75
my	0	0	0	0	0	0	2	10
our	29	30.5	26	32.9	2	2.9	1	5
me	0	0	0	0	0	0	0	0
us	7	7.4	19	24.1	2	2.9	0	0
合计	95	100	79	100	70	100	20	100

在构建内容指引者这一作者身份时，英语本族语者主要使用了 we（61.4%）和 I（32.8%）这两个人称代词，国内学者则主要使用了 we（75%）这一种形式（表 13 – 3）。对比而言，英语本族语者在构建内容指引者身份时对 I 的使用显著高于中国学者（32.8 vs. 10，$\chi^2 = 12.302$，df $= 1$, $p = .000 < .001$），对其他人称代词的使用差异则不明显。也就是说，无论是英语本族语者还是我国学者在构建内容指引者这一身份时都主要使用 we 这一形式，对 I 的使用也比较多，且英语本族语者在构建内容指引者身份时对 I 的使用显著高于国内论文，但对 my 的使用则低于我国学者。

表 13 – 4 显示，中外作者在凸显论文构建者这一身份时使用的人称代词也存在一定差异：英语本族语者主要使用了 I（69.9%）这一代词，对

we（15.7%）的使用也相对较多；我国学者除 I（54.2%）外，对 my（20.8%）的使用也比较多。对比来看，英语本族语者在凸显论文构建者这一身份时对 I、we、me 和 us 的使用比例均高于我国学者，对 my 和 our 的使用比例则显著低于我国学者（7.2 vs. 20.8，$\chi^2 = 7.000$，df = 1，$p = .008 < .01$；3.6 vs. 12.5，$\chi^2 = 4.765$，df = 1，$p = .029 < .05$）。由此可以看出，英语本族语者在凸显论文构建者这一身份时主要依靠 I 和 we 这两个代词，而我国学者主要使用 I 和 my 这两个代词，且我国学者对 my 和 our 的多用达到显著水平。

表 13 - 4　　构建论文构建者和研究过程重述者时对第一人称代词的选用情况

人称代词	论文构建者				研究过程重述者			
	英语本族语者		中国学者		英语本族语者		中国学者	
	原始频次	百分比	原始频次	百分比	原始频次	百分比	原始频次	百分比
I	58	69.9	13	54.2	31	60.8	36	59.0
we	13	15.7	3	12.5	11	21.6	4	6.6
my	6	7.2	5	20.8	5	9.8	10	16.3
our	3	3.6	3	12.5	3	5.9	9	14.7
me	1	1.2	0	0	1	1.9	2	3.4
us	2	2.4	0	0	0	0	0	0
合计	83	100	24	100	51	100	61	100

表 13 - 4 还显示，在构建研究过程重述者这一身份时，英语本族语者主要使用了 I（60.8%）和 we（21.6%）这两个人称代词，我国学者主要使用了 I（59.0%）、my（16.3%）和 our（14.7%）这三个词。对比而言，英语本族语者对 I 和 we 的使用比例高于我国学者，其中在 we 上达到显著水平（21.6 vs. 6.6，$\chi^2 = 7.759$，df = 1，$p = .005 < .01$）；但英语本族语者对 my、our 和 me 的使用比例则低于我国学者。也就是说，国内外学者在构建研究过程重述者这一身份时都主要依赖 I 这一人称代词。此外，我们发现英语本族语者在凸显研究过程重述者这一角色时之所以会对 we 显著多用，是因为尽管本研究选择的是作者为一人的语料，但其研

究过程有时会有多人参与，而我国应用语言学相关实验的开展大多由研究者本人实施。

学术论文中的第一人称代词还可以构建观点持有者和观点发起者两种身份。从表 13-5 我们可以看出，在构建观点持有者这一身份时，虽然国内外学者均主要依靠 I 和 we 这两个人称代词，但英语本族语者更倾向于选择 we，而我国学者则更倾向于选择 I。从对比的角度来看，我国学者对 I 的使用显著高于英语本族语者（35.8 vs. 66.7，$\chi^2 = 9.330$，df = 1，$p = .002 < .01$）。也就是说，在凸显其研究成果与原有研究成果异同的时候，英语本族语者倾向于选择 we，而我国学者大多使用 I。

表 13-5　　　构建观点持有者和观点发起者时对第一人称代词的
选用情况

人称代词	观点持有者				观点发起者			
	英语本族语者		中国学者		英语本族语者		中国学者	
	原始频次	百分比	原始频次	百分比	原始频次	百分比	原始频次	百分比
I	5	35.8	2	66.7	37	30.1	15	20.8
we	7	50.0	1	33.3	56	45.5	34	47.2
my	1	7.1	0	0	22	17.9	3	4.2
our	0	0	0	0	3	2.4	13	18.1
me	0	0	0	0	1	0.8	0	0
us	1	7.1	0	0	4	3.3	7	9.7
合计	14	100	3	100	123	100	72	100

在构建观点发起者这一身份时（表 13-5），英语本族语者主要使用了 we、I 和 my 这三个人称代词，我国学者则主要使用了 we、I 和 our 这三个代词。卡方检验显示，英语本族语者在构建观点发起者这一身份时对 my 的使用比例显著高于我国学者（17.9 vs. 4.2，$\chi^2 = 8.909$，df = 1，$p = .003 < .01$），对 our 的使用比例则显著低于后者（2.4 vs. 18.1，$\chi^2 = 12.800$，df = 1，$p = .000 < .001$）。也就是说，国内外学者在构建观点发起者这一身份时均主要使用 we 和 I 这两个代词，且构建此种身份时英语本族语者对 my 的使用显著高于我国学者，但对 our 的使用则显著

较低。

本节主要讨论了中外学者在构建相同作者身份时对第一人称代词的选用情况，其主要意义在于发现作者身份与人称代词的搭配或者共现特征，在揭示英语本族语者学术论文语体特征的基础上，为二语学术论文写作提供参考。DeKeyser（2010）指出，二语学习者的论文被国际期刊退稿的主要原因之一就是不符合西方期刊文体、结构或格式方面的常规。具体到本章研究对象而言，就需要二语学习者在构建相关作者身份的选词尽量与英语本族语者一致，从而更好地被国际读者或刊物所接受。

13.6　结语

本章基于自建的学术语篇语料库，主要探讨了中国学者与英语本族语者在学术论文中使用第一人称代词及其构建的作者身份的情况。研究结果可归纳如下：

（1）中国学者在学术论文中对第一人称代词的使用与英语本族语者存在较大差异。总体而言，英语本族语者更倾向于选用第一人称的单数形式来凸显研究的独特性和新颖性，中国学者则优先选用其复数形式来强调其团体属性。

（2）中国学者在学术论文中对作者身份类型的选择与英语本族语者存在较大差异。英语本族语者通过第一人称代词主要构建了观点发起者、团体代表者、论文构建者和内容指引者这四种身份，而中国学者则主要构建了团体代表者、观点发起者和研究过程重述者这三种身份。其共同点在于中外学者对团体代表者和观点发起者这两种身份的选择均比较高以及对观点持有者身份的选择均比较低，其差异在于英语本族语者对论文构建者和内容指引者这两种身份的关注高于中国学者，而中国学者对研究过程重述者身份的选择则高于英语本族语者。

（3）中国学者在构建同一作者身份时使用的具体人称代词类型与英语本族语者也存在较大差异。

本研究结果对于学术论文撰写、教材编纂、课堂教学等具有一定的启示意义。从学术论文的角度看，本研究发现第一人称代词在学术论文中具有较高的出现频次，这显示追求客观性不是学术论文的唯一目标，互动性也是当今学术语篇的主要特点之一。在教材编纂中，我们应该全面客观描述学术论文的语体特征，介绍学术语篇的互动性特征，合理指导学术新手以及二语学习者从事学术论文写作。在课堂上，广大英语教师也应该培养学生合理使用人称代词的能力，培养作者身份意识，逐步提高学术写作能力，达到更好地理解和传播科研成果的目的。

参考文献

陈新仁：《〈语用教学中的语用学〉导读》，Rose，K. R. & G. Kasper，（Eds.）. *Pragmatics in Language Teaching*，世界图书出版公司 2006 年版。

陈新仁：《新编语用学教程》，外语教学与研究出版社 2009 年版。

陈新仁、李民：《中国英语学习者语用习得研究述评》，载张雪梅编《第二语言习得研究的新探索》，上海科学技术出版社 2006 年版。

陈新仁等：《语用学与外语教学》，外语教学与研究出版社 2013 年版。

丁言仁：《第二语言习得研究与外语学习》，上海外语教育出版社 2004 年版。

何善芬：《英汉语言对比研究》，上海外语教育出版社 2002 年版。

何自然：《语用学概论》，湖南教育出版社 1988 年版。

何自然：《语用学与英语学习》，上海外语教育出版社 1997 年版。

何自然：《语用学讲稿》，南京师范大学出版社 2003 年版。

何自然、陈新仁：《当代语用学》，外语教学与研究出版社 2004 年版。

何自然、冉永平：《语用学概论（修订本）》，湖南教育出版社 2002 年版。

何自然、冉永平：《新编语用学概论》，北京大学出版社 2009 年版。

李杰、陈超美：《CiteSpace：科技文本挖掘及可视化》，首都经济贸易大学出版社 2016 年版。

李捷、何自然、霍永寿：《语用学十二讲》，华东师范大学出版社 2011 年版。

李民：《中国英语学习者会话增量行为习得研究》，中国社会科学出版社 2013 年版。

李悦娥、范宏雅：《话语分析》，上海外语教育出版社 2002 年版。

梁茂成、李文中、许家金：《语料库应用教程》，外语教学与研究出版社
　　2010 年版。

刘则渊等：《科学知识图谱方法与应用》，人民出版社 2008 年版。

莫雷：《教育心理学》，广东高等教育出版社 2005 年版。

束定芳：《外语教学改革：问题与对策》，上海外语教育出版社 2004 年版。

宋广文：《心理学概论》，石油大学出版社 1994 年版。

王初明：《应用心理语言学——外语学习心理研究》，湖南教育出版社
　　1990 年版。

文秋芳：《英语学习的成功之路》，上海外语教育出版社 2003b 年版。

文秋芳、王立非、梁茂成：《中国学生英语口笔语语料库》，外语教学与
　　研究出版社 2005 年版。

严辰松、高航：《引论》，载严辰松、高航编《语用学》，上海外语教育出
　　版社 2005 年版。

蔡基刚：《基于需求分析的大学 ESP 课程模式研究》，《外语教学》2012
　　年第 3 期，第 47—50 页。

曹春春：《礼貌原则与语用失误》，《外语学刊》1998 年第 2 期，第 69—
　　73 页。

常芳：《意识在外显学习中的作用》，《大连民族学院学报》2004 年第 2
　　期，第 52—54 页。

陈国华：《关于我国英语教育现状和政策的分析和建议》，《中国外语》
　　2008 年第 2 期，第 4—6 页。

陈桦、孙欣平：《输入、输出频次对英语韵律特征习得的作用》，《外语研
　　究》2010 年第 4 期，第 1—8 页。

陈新仁：《话语联系语与英语议论文写作：调查分析》，《外语教学与研
　　究》2002 年第 5 期，第 350—354 页。

陈新仁：《基于社会建构论的语用能力观》，《外语研究》2014 年第 6 期，
　　第 1—7 页。

陈新仁、李民：《英语作为国际通用语背景下的语用失误新解》，《外语与
　　外语教学》2015 年第 2 期，第 7—12 页。

陈新仁、李民、肖雁：《英语专业学生性格类型与语法、语用能力及其意
　　识程度研究》，《外语教学与研究》2009 年第 2 期，第 119—124 页。

陈新仁、任育新：《中国高水平英语学习者重述标记语使用考察》，《外语教学与研究》2007 年第 4 期，第 294—300 页。

陈新仁、任育新：《中国学生的语用失误分析：文化认同视角》，《语用学研究》2008 年第 1 期，第 147—159 页。

陈新仁、王玉丹：《关于全球化背景下通用语英语的交际思考》，《外国语文研究》2012 年第 2 期，第 188—197 页。

陈新仁、吴珏：《中国英语学习者对因果类话语标记语的使用情况—基于语料库的研究》，《国外外语教学》2006 年第 3 期，第 38—41 页。

陈治安、袁渊泉：《语际语用学研究的回顾与展望》，《外语教学》2006 年第 6 期，第 1—5 页。

戴炜栋、陈莉萍：《影响二语语用能力发展的因素》，《外语与外语教学》2005 年第 9 期，第 1—5 页。

戴炜栋、束定芳：《试论影响外语习得的若干重要因素》，《外国语》1994 年第 4 期，第 1—10 页。

戴炜栋、杨仙菊：《第二语言语用习得的课堂教学模式》，《外语界》2005 年第 1 期，第 2—8 页。

董晓红：《对不同阶段英语专业学生语用能力的调查与分析》，《外语教学》1999 年第 3 期，第 91—95 页。

范宏雅、李悦娥：《中国学生用英语会话的回应策略》，《外语与外语教学》2001 年第 8 期，第 27—29 页。

范琳：《认知方式差异与外语的因材施教》，《外语教学》2002 年第 2 期，第 83—88 页。

范烨：《试听双重输入模式下的二语词义习得》，《外语界》2014 年第 5 期，第 48—56 页。

桂诗春：《我国外语教学的新思考》，《外国语》2004 年第 4 期，第 2—9 页。

郭睦兰：《谈外语阅读能力的培养》，《山东外语教学》1997 年第 2 期，第 70—73 页。

韩晓玲：《语篇理解与外语阅读》，《外语教学》2002 年第 5 期，第 84—88 页。

何安平、徐曼菲：《中国大学生英语口语 Small Words 的研究》，《外语教学与研究》2003 年第 6 期，第 446—452 页。

何春燕：《国外基于语料库的二语语用能力研究述评》，《解放军外国语学院学报》2012 年第 6 期，第 53—58 页。

何小凤、杨敏敏：《大学生性格因素和英语口语能力的相关性研究》，《外语界》2003 年第 3 期，第 14—19 页。

何兆熊、蒋艳梅：《语境的动态研究》，《外国语》1997 年第 6 期，第 16—22 页。

何自然：《言语交际中的语用移情》，《外语教学与研究》1991 年第 4 期，第 11—15 页。

何自然：《什么是语际语用学》，《国外语言学》1996 年第 1 期，第 1—6 页。

何自然、阎庄：《中国学生在英语交际中的语用失误——汉英语用差异调查》，《外语教学与研究》1986 年第 3 期，第 52—57 页。

胡范铸：《语用研究的逻辑断裂与理论可能》，《外国语》2017 年第 1 期，第 2—7 页。

胡壮麟：《语用学》，《国外语言学》1980 年第 3 期，第 1—10 页。

胡壮麟：《对中国英语教育的若干思考》，《外语研究》2002 年第 3 期，第 2—5 页。

黄琼珍：《2000—2013 年教育信息资源研究的热点领域和前沿分析——基于八种教育技术学期刊刊载文献关键词共词分析视角》，《电化教育研究》2014 年第 8 期，第 17—24 页。

黄玮莹、李忻洳：《国外二语语用评估回顾与展望》，《解放军外国语学院学报》2016 年第 2 期，第 82—90 页。

黄衍：《话轮替换系统》，《外语教学与研究》1987 年第 1 期，第 16—23 页。

黄远振、陈志军：《"有意注意假设"：演绎、实践与启示》，《安阳工学院学报》2005 年第 6 期，第 122—125 页。

季佩英、江静：《对大学英语语用能力培养的再思考——以 2010 年首届"外教社杯"全国大学英语教学大赛上海赛区比赛为例》，《外语界》2010 年第 6 期，第 33—41 页。

姜占好、周保国：《学习者语用能力评估研究》，《外语教学》2012 年第 5

期，第 45—48 页。

李杰、钟永平：《论英语的情态系统及其功能》，《外语教学》2002 年第 1 期，第 9—14 页。

李民：《英语会话增量的语用功能研究》，《现代外语》2011 年第 3 期，第 245—253 页。

李民、陈新仁：《英语专业学生习得话语标记语 WELL 语用功能之实证研究》，《外语教学与研究》2007a 年第 6 期，第 21—26 页。

李民、陈新仁：《中国英语专业学生语法和语用意识程度与能力水平调查》，《中国外语》2007b 年第 6 期，第 35—41 页。

李民、陈新仁、肖雁：《英语专业学生性格类型与语法、语用能力及其意识程度研究》，《外语教学与研究》2009 年第 2 期，第 119—124 页。

李民、陈新仁：《英语专业学生习得会话增量语用功能研究》，《外语教学》2013 年第 1 期，第 69—72 页。

李民、肖雁：《语用能力分析框架述评》，《外语教学理论与实践》2012 年第 3 期，第 50—56 页。

李民、肖雁：《国内外语类核心刊物中语用学研究分析：1980—2015》，《外国语文研究》2016 年第 2 期，第 86—95 页。

李燕、姜占好：《新时期英语专业学生语用能力调查报告及启示》，《外语教学》2014 年第 5 期，第 68—71 页。

李战子：《情态——从句子到语篇的推广》，《外语学刊》2000 年第 4 期，第 7—12 页。

廉洁：《制约学习策略的学习者因素》，《外语与外语教学》1998 年第 6 期，第 14—15 页。

梁晓波、谭桔伶：《内/外向性格与英语学习》，《解放军外国语学院学报》1999 年第 4 期，第 68—71 页。

刘丹丹：《二语词汇附带习得中的输入强化时机研究》，《外语与外语教学》2013 年第 6 期，第 33—37 页。

刘华：《我国英语专业高年级学生的情态动词用法》，《宁波大学学报》（教育科学版）2004 年第 5 期，第 121—125 页。

刘建达：《中国学生英语语用能力的测试》，《外语教学与研究》2006 年第 4 期，第 259—265 页。

刘建达：《语用能力测试的评卷对比研究》，《现代外语》2007 年第 4 期，第 395—404 页。

刘建达、黄玮莹：《中国学生英语水平与语用能力发展研究》，《中国外语》2012 年第 1 期，第 64—70 页。

刘建达、许艺：《提干输入模式对基于计算机听力理解选择题测试成绩的影响》，《中国外语》2014 年第 4 期，第 17—24 页。

刘润清、刘思：《语用习得的认知特性和影响因素述评》，《外语教学与研究》2005 年第 3 期，第 218—225 页。

刘绍忠：《国外语际语用学研究现状与我国语际语用学研究的思考》，《现代外语》1997 年第 3 期，第 73—80 页。

刘思：《外语学习者与本族语者的语用差异及其原因》，《外语与外语教学》2004 年第 8 期，第 14—18 页。

卢加伟：《语用迁移与二语水平的关系研究》，《外语教学理论与实践》2010 年第 1 期，第 14—25 页。

卢加伟：《国外二语语用教学研究述评》，《现代外语》2013 年第 2 期，第 206—211 页。

苗丽霞：《近 20 年我国英语文化教学研究述评》，《中国外语》2007 年第 6 期，第 101—104 页。

牛强、马丁·沃尔夫：《故意注意与外语词汇学习》，《同济大学学报》（社会科学版）2005 年第 4 期，第 94—99 页。

潘涌：《积极语用教育观与母语教师语用能力重构》，《中国教育学刊》2012 年第 7 期，第 61—65 页。

冉永平：《话语标记语 well 的语用功能 》，《外国语》2003 年第 3 期，第 58—64 页。

冉永平：《语用学与二语习得交叉研究的新成果——〈第二语言中的语用发展〉》，《外语教学与研究》2004 年第 2 期，第 152—155 页。

冉永平：《当代语用学的发展趋势》，《现代外语》2005 年第 4 期，第 403—412 页。

冉永平：《当代语用学研究的跨学科多维视野》，《外语教学与研究》2011 年第 9 期，第 763—771 页。

冉永平：《语用学研究的复合性特征》，《外国语文》2012 年第 5 期，第

7 页。

冉永平：《多元语境下英语研究的语用关注》，《外语教学与研究》2013
　　年第 5 期，第 669—680 页。

冉永平、杨青：《英语国际通用语背景下的语用能力思想新探》，《外语
　　界》2015 年第 5 期，第 10—17 页。

劭慧娟：《语法意识唤起在大学英语句式教学中的运用》，《浙江师范大学
　　学报》（社会科学版）2004 年第 6 期，第 102 页。

施庆霞：《关联理论与阅读理解教学》，《外语教学》2001 年第 3 期，第
　　52—54 页。

石洛祥：《程式性与分析性的统一：习语原则在 ELF 使用者会话中的在线
　　处理》，《外国语文》2014 年第 2 期，第 63—69 页。

孙亚、戴凌：《语用失误研究在中国》，《外语与外语教学》2002 年第 3
　　期，第 19—21 页。

王峰、刘婷：《输入强化任务和输出任务对不同难度关系从句习得的影
　　响》，《外语教学》2014 年第 1 期，第 55—58 页。

王立非、江进林：《"十一五"期间国家社科基金外国语言学立项热点及
　　分布分析》，《外语教学与研究》2011 年第 5 期，第 772—779 页。

王璐璐、戴炜栋：《二语习得研究方法综述》，《外语界》2014 年第 5 期，
　　第 29—37 页。

王清杰：《中国英语学习者情态动词语料库使用调查》，《哈尔滨学院学
　　报》2005 年第 6 期，第 132—134 页。

王松美：《外语学习者个别差异及学法指导策略》，《课程·教材·教法》
　　2001 年第 9 期，第 50—52 页。

王雪梅：《论性格倾向对英语学习的影响》，《外语教学》2000 年第 4 期，
　　第 17—20 页。

王雪梅：《EFL 学习者语言能力、语用能力性别差异研究》，《外国语言文
　　学》2006 年第 1 期，第 29—33 页。

卫乃兴：《语料库数据驱动的专业文本语义韵研究》，《现代外语》2002
　　年第 2 期，第 165—175 页。

魏玉燕：《语用迁移及其对英语教学的启示》，《上海交通大学学报》（社
　　会科学版）2001 年第 2 期，第 109—113 页。

文秋芳：《频率作用与二语习得》，《外语教学与研究》2003a 年第 2 期，第 151—154 页。

文秋芳：《英语国际语的教学框架》，《课程·教材·教法》2012 年第 1 期，第 77—81 页。

文秋芳：《英语作为国际通用语的教学框架》，《世界教育信息》2014 年第 16 期，第 52 页。

文秋芳、丁言仁、王文宇：《中国大学生书面语中的口语化倾向》，《外语教学与研究》2003 年第 4 期，第 268—274 页。

吴旭东：《外语学习任务难易度确定原则》，《现代外语》1997 年第 3 期，第 33—43 页。

武波：《性格与外语学习》，《外语教学》1997 年第 3 期，第 7—12 页。

冼吉昌：《情感智力与语言学习》，《外语与外语教学》1999 年第 9 期，第 25—27 页。

向明友：《语用学研究的知识图谱分析》，《外国语》2015 年第 6 期，第 36—47 页。

肖旭月：《英语呼语的礼貌标记功能》，《解放军外国语学院学报》2003 年第 1 期，第 16—19 页。

肖雁：《语用学研究国际热点与趋势分析（2006—2015）》，《外语教学与研究》2017 年第 5 期，第 699—709 页。

肖雁、李民：《中国大学生英语课堂语用知识输入与语用能力发展关系研究》，《山东外语教学》2016 年第 4 期，第 49—55 页。

许焕荣、李学珍：《论语言知识在外语教学中的权重》，《山东外语教学》2003 年第 2 期，第 50—54 页。

许群航、李民：《对逻辑联系语习得的实证研究》，《外语教学》2014 年第 5 期，第 59—62 页。

杨维秀：《英汉语序选择因素的语用综观论阐释》，《外语与外语教学》2007 年第 6 期，第 46—49 页。

杨艳霞、任静生：《我国外语批判性思维研究可视化分析与反思》，《外语界》2016 年第 3 期，第 50—56、80 页。

杨玉晨：《情态动词模糊语言与英语学术论文写作风格》，《外语与外语教学》1998 年第 7 期，第 24—25 页。

叶邵宁、滕巧云：《英语教学与语用能力的培养》，《外语界》2003 年第 6
　　期，第 66—70 页。

张辉：《试论跨文化交际中的语用迁移与语用失误》，《外语教学》1994
　　年第 3 期，第 24—27 页。

张曼：《中外摘要中第一人称代词用法的对比研究》，《上海翻译》2008
　　年第 2 期，第 31—36 页。

张新红：《社会用语英译中的语用失误：调查与分析》，《外语教学》2000
　　年第 3 期，第 14—19 页。

郑晓园：《东西方文化价值观对英语情态动词使用的影响》，《上海理工大
　　学学报》1999 年第 1 期，第 43 页。

周丹丹：《输入与输出的频率效应研究》，《现代外语》2006 年第 2 期，
　　第 154—163 页。

周榕、吕丽珊：《输入增显与任务投入量对英语词汇单配习得影响的实证
　　研究》，《现代外语》2010 年第 1 期，第 81—88 页。

陈新仁：《关于外语语用能力多维度的思考》，"语用能力与发展"高层论
　　坛，华东师范大学，2008 年。

陈新仁：*Intercultural Communication in the Context of English as Lingua
　　Franca：Changes and Implications*，跨文化交际研究与应用国际研讨会，
　　中南财经政法大学，2012 年。

程晓棠、裴晶：《中国大学生英语作文中情态动词的使用情况》，第二届
　　全国第二语言习得研究国际学术研讨会，南京大学，2005 年。

许家金、梁茂成、贾云龙：BFSU PowerConc，北京外国语大学，2012 年。

Abbott, M. L. 2006. ESL reading strategies：Differences in Arabic and Man-
　　darin speaker test performance [J]. *Language Learning*, 56：633 – 670.

Aijmer, K. 2002. Modality in advanced swedish learners' written interlanguage
　　[A]. In Granger, S. Hung, J. & Petch-Tyson (Eds.). *Computer Learner
　　Corpora*, *Second Language Acquisition and Foreign Language Teaching* [C].
　　Amsterdan：John Benjamin Publishing Company.

Altman, R. 1990. Giving and taking advice without offense [A]. R. C. Scar-
　　cella, E. J. Andersen & S. D. Krashen (Eds.). *Developing Communicative
　　Competence in a Second Language* [C]. New York：Newbury House.

Anderson, A. *et al.* 1999. Cross-linguistic evidence for the early acquisition of discourse markers as register variables [J]. *Journal of Pragmatics*, 31: 1339 – 1351.

Angouri, J. 2012. Managing disagreement in problem-solving meeting talk [J]. *Journal of Pragmatics*, 44: 1565 – 1579.

Astika, G. *et al.* 1996. Personality types and language learning in an EFL context [J]. *Language Learning*, 46: 75 – 99.

Bachman, L. F. 1990. *Fundamental Considerations in Language Testing* [M]. Oxford: Oxford University Press.

Bar-Hillel, Y. 1971. *Pragmatics of Natural Language* [M]. Dordrecht: Reidel.

Bardovi-Harlig, K. 2001. Evaluating the empirical evidence: Grounds for instruction in pragmatics [A]. In Rose, K. R. & G. Kasper (Eds.). *Pragmatics in Language Teaching* [C]. New York: Cambridge University Press.

Bardovi-Harlig, K. 2009. Conventional expressions as a pragmalinguistic resource: Recognition and production of conventional expressions in L2 pragmatics [J]. *Language Learning*, 59: 755 – 795.

Bardovi-Harlig, K. & Dörnyei, Z. 1998. Do language learners recognize pragmatic violations? Pragmatic versus grammatical awareness in instructed L2 learning [J]. *TESOL Quarterly*, 32: 233 – 262.

Barron, A. 2003. *Acquisition in Interlanguage Pragmatics* [M]. Amsterdam: John Benjamins.

Belz, J. & Kinginger, C. 2003. Discourse options and the development of pragmatic competence by classroom learners of German: The case of address forms [J]. *Language Learning*, 53: 591 – 647.

Biber, D. *et al.* 1999. *Longman Grammar of Spoken and Written English* [M]. Harlow: Person Education Limited.

Birdsong, D. 2006. Age and second language acquisition and processing: A selective overview [J]. *Language Learning*, 56: 9 – 49.

Björkman, B. 2008. "So where we are?" spoken lingua franca English at a technical university in Sweden [J]. *English Today*, 24: 35 – 41.

Björkman, B. 2011. Pragmatic strategies in English as an academic lingua franca: Ways of achieving communicative effectiveness [J]. *Journal of Pragmatics*, 43: 950 – 964.

Björkman, B. 2014. An analysis of polyadic English as lingua franca (ELF) speech: A communicative strategies framework [J]. *Journal of Pragmatics*, 66: 122 – 138.

Blakemore, D. 1992. *Understanding Utterances* [M]. Oxford: Blackwell.

Blakemore, D. 2002. *Relevance and Linguistic Meaning: the Semantics and Pragmatics of Discourse Markers* [M]. Cambridge: Cambridge University Press.

Blum-Kulka, S. 1991. Interlanguage pragmatics: The case of requests [A]. In R. Phillipson *et al.* (Eds.). *Foreign/Second Language Pedagogy Research* [C]. Clevedon, Avon: Multilingual Matters.

Blum-Kulka, S. & Olshtain, E. 1986. Too many words: Length of utterance and pragmatic failure [J]. *Studies in Second Language Acquisition*, 8: 165 – 180.

Bouton, L. F. 1988. A cross-cultural study of ability to interpret implicatures in English [J]. *World Englishes*, 7: 183 – 196.

Bouton, L. F. 1994. Conversational implicature in a second language: Learned slowly when not deliberately taught [J]. *Journal of Pragmatics*, 22: 157 – 167.

Breiteneder, A. 2005. The naturalness of English as a European lingua franca: The case of the "third person-s" [J]. *Vienna English Working Papers*, 14: 3 – 26.

Brown, D. 1987. *Principles of Language Learning and Language Teaching* [M]. Englewood Cliffs: Prentice Hall.

Busch, D. 1982. Introversion-extroversion and the ESL proficiency of Japanese students [J]. *Language Learning*, 32: 103 – 132.

Bussmann, H. 1996. *Routledge Dictionary of Language and Linguistics* [M]. London: Routledge.

Caffi, C. & Janney, R. 1994. Toward a pragmatics of emotive communication [J]. *Journal of Pragmatics*, 22: 325 – 373.

Canale, M. 1983. From communicative competence to language pedagogy [A]. In J. Richards & J. Schmidt (Eds.). *Language and Communication* [C]. London: Longman.

Canale, M. & Swain, M. 1980. Theoretical bases of communicative approaches to second language teaching and testing [J]. *Applied Linguistics*, 1: 1 –47.

Carston, R. 2002. *Thoughts and Utterances: The Pragmatics of Explicit Communication* [M]. Oxford: Blackwell.

Cattell, R. 1956. Personality and motivation theory based on structural measurement [A]. In McCary (Ed.). *Psychology of Personality* [C]. New York: Logos.

Celce-Murcia, M. & Larsen-Freeman, D. 1983. *The Grammar Book-An ESL/ EFL Teacher's Course* [M]. Rowley, MA: Newbury House.

Chang, J. 1987. Chinese Speakers [A]. In Swan M. & B. Smith (Eds.). *Learner English* [C]. Cambridge: Cambridge University Press.

Chang, Y. F. 2009. How to say no: An analysis of cross-cultural difference and pragmatic transfer [J]. *Language Sciences*, 31: 477 –493.

Chastain, K. 1975. Affective and ability factors in second-language acquisition [J]. *Language Learning*, 25: 153 –161.

Cheng, S. 2005. *An Exploratory Cross-sectional Study of Interlanguage Pragmatic Development of Expressions of Gratitude by Chinese Learners of English* [D]. Ph. D Dissertation. University of Iowa.

Cho, Y. 2003. *Relationship Between Grammatical Knowledge and Pragmatic Knowledge Ability: The Case of Epistemic Modality* [D]. Ph. D Dissertation. Columbia University.

Chomsky, N. 1965. *Aspects of the Theory of Syntax* [M]. Cambridge, Mass. : MIT Press.

Cobb, T. 2003. Analyze late interlanguage with learner corpora: Quebec replications of three European studies [J]. *Canadian Modern Language Review*, 3: 393 –423.

Cogo, A. 2007. *Intercultural Communication in English as a Lingua Franca: A*

Case Study [D]. Ph. D Dissertation. King's College London.

Cogo, A. 2009. Accommodating difference in ELF conversations [A]. In Mauranen, A. & E. Ranta (Eds.). *English as a Lingua Franca*: *Studies and Findings* [C]. Newcastle: Cambridge Scholars Publishing.

Cogo, A. & Dewey, M. 2012. *Analysing English as a Lingua Franca*: *A Corpus-driven Investigation* [M]. London: Continuum.

Cohen, A. D. & Shively, R. L. 2007. Acquisition of requests and apologies in Spanish and French: Impact of study abroad and strategy-building intervention [J]. *The Modern Language Journal*, 2: 189 – 212.

Cook, M. 2001. Why can't learners of JFL distinguish polite from impolite speech styles? [A]. In Rose, K. & G. Kasper (Eds.). *Pragmatics in Language Teaching* [C]. Cambridge: Cambridge University Press.

Cowan, N. 1993. Activation, attention, and short-term memory [J]. *Memory & Cognition*, 21: 162 – 167.

Csomay, E. & Petrovic, M. 2012. "Yes, your honor!": A corpus-based study of technical vocabulary in discipline-related movies and TV shows [J]. *System*, 2: 305 – 315.

Culpeper, J. 2011. *Impoliteness*: *Using Language to Cause Offence* [M]. Cambridge: Cambridge University Press.

Cumming, A. 2013. Multiple dimensions of academic language and literacy development [J]. *Language Learning*, 63: 130 – 152.

Curran, T. *et al.* 1993. Attentional and nonattentional forms of sequence learning [J]. *Journal of Experimental Pscychology*: *Learning*, *Memory*, *and Cognition*, 19: 189 – 202.

DeKeyser, R. 2010. Where is our field going? Comments from the outgoing editor of Language Learning [J]. *Language Learning*, 63: 646 – 647.

Del Saz-Rubio, M. 2011. A pragmatic approach to the macro-structure and metadiscoursal features of research article introductions in the field of agricultural sciences [J]. *English for Specific Purposes*, 30: 258 – 271.

Du Bois, J. W. *et al.* 2000. *Santa Barbara Corpus of Spoken American English—Part* 1 [O/L]. Philadelphia: Linguistic Data Consortium.

Dueñas, P. 2007. "I/we focus on…": A cross-cultural analysis of self-mentions in business management research articles [J]. *Journal of English for Academic Purposes*, 6: 143 – 162.

Economidou-Kogetsidis, M. 2011. "Please answer me as soon as possible": Pragmatic failure in non-native speakers' e-mail requests to faculty [J]. *Journal of Pragmatics*, 43: 3199 – 3215.

Edmondson, W. & House, J. 1991. Do learners talk too much? The waffle phenomenon in interlanguage pragmatics [A]. In Philipson, R. *et al.* (Eds.). *Foreign/Second Language Pedagogy Research* [C]. Clevendon: Multilingual Matters.

Eisenstein, M. & Bodman, J. 1986. "I very appreciate": Expressions of gratitude by native and nonnative speakers of American English [J]. *Applied Linguistics*, 7: 167 – 185.

Ellis, N. 2002. Frequency effects in language processing: A review with implications for theories of implicit and explicit language acquisition [J]. *Studies in Second Language Acquisition*, 24, 143 – 188.

Ellis, R. 1992. Learning to communicate in the classroom: A study of two language learners' request [J]. *Studies in Second Language Acquisition*, 14: 1 – 23.

Ellis, R. 1994. *The Study of Second Language Acquisition* [M]. Oxford: Oxford University Press.

Ellis, R. 2004. The definition and measurement of L2 explicit knowledge [J]. *Language Learning*, 54: 227 – 275.

Enochs, K. & S. Yoshitake-Strain. 1999. Evaluating six measures of EFL learners' pragmatic competence [J]. *JALT Journal*, 21: 29 – 50.

Eslami, Z. , *et al.* 2015. The role of asynchronous computer mediated communication in the instruction and development of EFL learners' pragmatic competence [J]. *System.* 1: 99 – 111.

Eysenck, H. J. & Eysenck, M. W. 1985. *Personality and Individual Differences: A Natural Science Approach* [M]. London: Plenum Press.

Flowerdew, L. 2000. Investigating referential and pragmatic errors in a learner corpus [A]. In L. Burnard & T. McEnery (Eds.). *Rethinking Language Pedagogy from a Corpus Perspective* [C]. Frankfurt am Main: Peter Lang.

Fraser, B. 1999. What are discourse markers? [J]. *Journal of Pragmatics*, 31: 931 – 952.

Gass, S., *et al.* 1999. The effects of task repetition on linguistic output [J]. *Language Learning*, 4: 549 – 581.

Goldman, S. R. & Murray, J. D. 1992. Knowledge of connectors as cohesion devices in text: A comparative study of native-English and English-as-a-second-language speakers [J]. *Journal of Educational Psychology*, 4: 504 – 519.

Gosden, H. 1993. Discourse functions of subject in scientific research articles [J]. *Applied Linguistics*, 14: 56 – 75.

Green, G. 1996. *Pragmatics and Natural Language Understanding* [M]. Hillsdale, NJ: LEA Publishers.

Griffiths, R. 1991. Personality and second-language learning: Theory, research and practice [A]. In E. Sadrano (Ed.). *Language Acquisition and the Second/Foreign Language Classroom* [C]. Singapore: SEAMEO Regional Language Center.

Guo, X. 2005. Modal Auxiliaries in Phraseology: A Contrastive Study of Learner English and NS English [P]. *Corpus Linguistics* 2005 *Conference*.

Halliday, M. A. K. 1994. *An Introduction to Functional Grammar* [M]. London: Edward Arnold.

Halliday, M. A. K. & Hasan, R. 1976. *Cohesion in English* [M]. London: Longman.

Harley, B. *et al.* 1990. The nature of language proficiency [A]. In B. Harley *et al.* (Eds.). *The Development of Second Language Proficiency* [C]. Cambridge: Cambridge University Press.

Harwood, N. 2005a. 'Nowhere has anyone attempted ⋯ In this article I aim to do just that': A corpus-based study of self-promotional I and we in academic writing across four disciplines [J]. *Journal of Pragmatics*, 37: 1207 – 1231.

Harwood, N. 2005b. "I hope to counteract the memory problem, but I made no impact whatsoever": Discussing methods in computing science using [J]. *English for Specific Purposes*, 24: 243 – 267.

Harwood, N. 2005c. 'We do not seem to have a theory … The theory I present here attempts to fill this gap': Inclusive and exclusive pronouns in academic writing [J]. *Applied Linguistics*, 26: 343 – 375.

He, A. 2003. *"Small Words" in EFL Learners' Spoken Corpora* [P]. Paper presented at the 2003 International conference on Corpus Linguistics, Shanghai, CN.

Hill, T. 1997. *The Development of Pragmatic Competence in an EFL Context* [D]. Unpublished Ph. D Dissertation. Temple University.

Hopper, P. & Traugott, E. 2003. *Grammaticalization* (2nd *Edition*) [M]. Cambridge: Cambridge University Press.

Horn, L. & Ward, G. 2004. Introduction [A]. In Horn, L. &G. Ward. (Eds.). *The Handbook of Pragmatics* [C]. Oxford: Blackwell.

House, J. 1993. Toward a model for the analysis of inappropriate response in native/nonnative interactions [A]. In G. Kasper & S. Blum-Kulka (Eds.). *Interlanguage Pragmatics* [C]. Oxford: Oxford University Press.

House, J. 1999. Misunderstanding in intercultural communication: Interactions in English as a lingua franca and the myth of mutual intelligibility [A]. In Gnutzmann, C. (Ed.). *Teaching and Learning English as a Global Language* [C]. Tübingen: Stauffenburg.

House, J. 2003. Teaching and learning pragmatic fluency in a foreign language: The case of English as a lingua franca [A]. In Martínez-Flor, A. *et al.* (Eds.). *Pragmatic Competence and Foreign Language Teaching* [C]. Castellò de la Plana: Publicacions d la Universitat Jaume I.

House, J. 2009. Introduction: The pragmatics of English as a lingua franca [J]. *Intercultural Pragmatics*, 6: 141 – 145.

Huang, Y. 2007. *Pragmatics* [M]. Oxford: Oxford University Press.

Hudson, T., Detmer, E. & J. D. Brown. 1992. *A Framework for Testing Cross-cultural Pragmatics* [M]. Honolulu: Second Language Teaching &

Curriculum Center, University of Hawai'i at Manoa.

Hudson, T. , Detmer, E. & Brown, J. D. 1995. *Developing Prototypic Measures of Cross-cultural Pragmatics* [M]. Honolulu: Second Language Teaching & Curriculum Center, University of Hawai'i at Manoa.

Hülmbauer, C. 2009. We don't take the right way. We just take the way that we think you will understand-the shifting relationship of correctness and effectiveness in ELF communication [A]. In Mauranen, A. & E. Ranta (Eds.). *English as a Lingua Franca. Studies and Findings* [C]. Newcastle upon Tyne: Cambridge Scholars Publishing.

Hyland, K. 2001. Humble servants of the discipline? Self-mention in research articles [J]. *English for Specific Purposes*, 20: 207 – 226.

Hyland, K. 2002. Authority and invisibility: Authorial identity in academic writing [J]. *Journal of Pragmatics*, 34: 1091 – 1112.

Hyland, K. 2005. *Metadiscourse* [M]. London: Continuum.

Hyland, K. & Hamp-Lyons, L. 2002. EAP: Issues and directions [J]. *Journal of English for Academic Purposes*, 1: 1 – 12.

Halliday, M. A. K. & Hasan, R. 1976. *Cohension in English* [M]. London: Longman.

Hymes, D. 1972. On communicative competence [A]. In J. B. Pride & J. Holmes (Eds.). *Sociolinguistics* [C]. Harmondsworth: Penguin.

Ifantidou, E. 2011. Genres and pragmatic competence [J]. *Journal of Pragmatics*, 43: 327 – 346.

Ifantidou, E. 2013. Pragmatic competence and explicit instruction [J]. *Journal of Pragmatics*, 1: 93 – 116.

Ishihara, N. & Cohen, A. D. 2010. *Teaching and Learning Pragmatics: Where Language and Culture Meet* [M]. Harlow: Longman.

Jenkins, J. 2000. *The Phonology of English as an International Language: New Models, New Norms, New Goals* [M]. Oxford: Oxford University Press.

Jeon, E. H. & Kaya, T. 2006. Effects of L2 instruction on interlanguage pragmatic development: A meta-analysis [A]. In Norris, J. M. & L. Ortega (Eds.). *Synthesizing Research on Language Learning and Teaching* [C].

Amsterdam: John Benjamins.

Jucker, A. H. 1993. The discourse marker *well*: A relevant theoretical account [J]. *Journal of Pragmatics*, 19: 435 – 452.

Jucker, A & Ziv, Y. 1998. *Discourse Markers: Description and Theory* [M]. Amsterdam: John Benjamins.

Jung, J. 2002. Issues in acquisitional pragmatics [J]. *TESOL and Applied Linguistics*, 2: 1 – 34.

Kachru, B. 1985. Standards, codification and sociolingustic realism: The English language in the outer circle [A]. In Quirk, R. & H. G. Widdowson (Eds.). *English in the World: Teaching and Learning the Language and Literatures* [C]. Cambridge: Cambridge University Press.

Kasper, G. 1981. *Teaching-induced Aspects of Interlanguage Learning* [P]. *Paper read at AILA'* 81, Lund, Sweden, August, 9 – 14.

Kasper, G. 1996. Introduction: Interlanguage pragmatics in SLA [J]. *Studies in Second Language Acquisition*, 18: 145 – 148.

Kasper, G. 2001. Four perspectives on L2 pragmatic development [J]. *Applied Linguistics*, 22: 502 – 530.

Kasper, G. 2002. Classroom research on interlanguge pragmatics [A]. In K. Rose & G. Kasper (Eds.). *Pragmatics in Language Teaching* [C]. Cambridge: Cambridge University Press.

Kasper, G. & Rose, K. R. 2002. *Pragmatic Development in a Second Language* [M]. Oxford: Blackwell.

Kempson, R. 1977. *Semanic Theory* [M]. Cambridge: Cambridge University Press.

Kiany, G. R. 1998. English proficiency and academic achievement in relation to extraversion: A preliminary study [J]. *International Journal of Applied Linguistics*, 8: 113 – 130.

Kirkpatrick, A. 2008. English as the official language of the association of Southeast Asian Nations (ASEAN): Features and strategies [J]. *English Today*, 24: 27 – 34.

Knapp, A. 2011. Using English as a lingua franca for (mis-) managing conflict in an international university context: An example from a course in engineering [J]. *Journal of Pragmatics*, 43: 978 – 990.

Koike, D. A. 1989. Pragmatic competence and adult L2 acquisition: Speech acts in interlanguage [J]. *Modern Language Journal*, 73: 79 – 89.

Krashen, S. 1981. *Second Language Acquisition and Second Language Learning* [M]. Oxford: Pergamon.

Kuo, C, 1999. The use of personal pronouns: Role relationships in scientific journal articles [J]. *English for Specific Purposes*, 18: 121 – 138.

Lantolf, J. P. & Thorne, S. L. 2006. *Sociocultural Theory and the Genesis of Second Language Development* [M]. Oxford: Oxford University Press.

Lazaraton, A. 2004. Gesture and speech in the vocabulary explanations of one ESL teacher: A microanalytic inquiry [J]. *Language Learning*, 54: 79 – 117.

Lee, S. 2007. Effects of textual enhancement and topic familiarity on Korean EFL students' reading comprehension and learning of passive form [J]. *Language Learning*, 1: 87 – 118.

Leech, G. 1983. *Principles of Pragmatics* [M]. London: Longman.

Leech, G. 2001. The role of frequency in ELT: New corpus evidence brings a re-appraisal [J]. *Foreign Language Teaching and Research*, 33, 328 – 339.

Lenk, U. 1998. Discourse markers and global coherence in conversation [J]. *Journal of Pragmatics*, 30: 245 – 257.

Leow, R. P. 2001. Attention, awareness, and foreign language behavior [J]. *Language Learning*, 47: 467 – 506.

Lester, J. 1993. *Writing Research Papers* [M]. New York: Harper Collins.

Levinson, S. 1983. *Pragmatics* [M]. Cambridge: Cambridge University Press.

Levinson, S. 2000. *Presumptive Meanings: The Theory of Generalized Conversational Implicature* [M]. Cambridge, MA: The MIT Press.

Lewis, M. 1993. *The Lexical Approach: The State of ELT and a Way Forward* [M]. Hove, England: Language Teaching Publications.

Li, M. 2005. *Chinese EFL Learners' Acquisition of the Discourse Marker "Well"* [D]. Unpublished MA thesis. Nanjing University.

Liddicoat, A. J. & Crozet, C. 2001. Acquiring French interactional norms through instruction [A]. In K. Rose & G. Kasper (Eds.). *Pragmatics in Language Teaching* [C]. Cambridge: Cambridge University Press.

Lillis, T. 1997. New voices in academia? The regulative nature of academic writing conventions [J]. *Language and Education*, 11: 182 – 199.

Linnel, J. *et al.* 1992. Can you apologize me? An investigation of speech act performance among NNS of English [J]. *Working Papers in Educational Linguistics*, 8: 33 – 53.

Locher, M. A. & Watts, R. J. 2005. Politeness theory and relational work [J]. *Journal of Politeness Research*, 1: 9 – 33.

Long, M. H. & Crookes, G. 1992. Three approaches to task-based syllabus design [J]. *TESOL Quarterly*, 26: 27 – 56.

Loveday, J. (著), 何自然 (译), 1983, 语用学和英语学习 [J]。国外外语教学 (1): 32 – 34。

Luzón, M. 2009. The use of *we* in a learner corpus of reports written by EFL Engineering students [J]. *Journal of English for Academic Purposes*, 8: 192 – 206.

Major, D. 1974. *The Acquisition of Modal Auxiliaries in the Language of Children* [M]. The Hague: Mouton.

Manes, J. & Wolfson, N. 1981. The compliment formula [A]. In F. Coulmas (Ed.). *Conversational Routine: Explorations in Standardized Communication Situations and Prepatterned Speech* [C]. The Hague: Mouton.

Manso, J. M. M., *et al.* 2010. Pragmatic knowledge development and educational style in neglected children [J]. *Children & Youth Services Review*, 32: 1028 – 1034.

Martínez, I. 2005. Native and non-native writers' use of first person pronouns in the different sections of biology research articles in English [J]. *Journal of Second Language Writing*, 14: 174 – 190.

McCarthy, M. 1991. *Discourse Analysis for Language Teachers* [M]. Cambridge: Cambridge University Press.

Meierkord, C. 2002. "Language stripped bare" or "linguistic masala"? Culture in lingua franca communication [A]. In Knapp, K. & C. Meierkord (Eds.). *Lingua Franca Communication* [C]. Frankfurt: Peter Lang.

Mey, J. 1993. *Pragmatics: An Introduction* [M]. Oxford: Blackwell.

Morris, C. 1938. Foundations of the theory of signs [A]. In Neurath, O. *et al.* (Eds.). *International Encyclopedia of Unified Science* [C]. Chicago: University of Chicago Press.

Murray, J. D. 1997. Connectives and narrative test: The role of continuity [J]. *Memory & Cognition*, 25: 227 – 236.

Murray, N. 2012. English as a lingua franca and the development of pragmatic competence [J]. *ELT Journal*, 3: 318 – 326.

Naiman, N. *et al.* 1978. The good language learner [J]. *Research in Education Series* 7. Toronto: Ontario Institute for Studies in Education.

Nguyen, T. T. M. 2012. The relative effects of explicit and implicit form-focused instruction on the development of L2 pragmatic competence [J]. *Journal of Pragmatics*, 44: 416 – 434.

Niezgoda, K. & Röver, C. 2001. Pragmatic and grammatical awareness: A function of the learning environment [A]. In Rose, K. R. & Gasper, G. (Eds.). *Pragmatics in Language Teaching* [C]. Cambridge: Cambridge University Press.

Nippold, M. A., *et al.* 1992. Use and understanding of adverbial conjuncts: A developmental study of adolescents and young adults [J]. *Journal of Speech and Hearing Research*, 35: 108 – 118.

Ochs, E. 1996. Linguistic resources for socializing humanity [A]. In J. J. Gumperz & S. L. Levinson (Eds). *Rethinking Linguistic Relativity* [C]. New York: Cambridge University Press.

Ohta, A. 1991. Evidentiality and politeness in Japanese [J]. *Issues in Applied Linguistics*, 2: 183 – 210.

Ozono, S. & Ito, H. 2003. Logical connectives as catalysts for interactive L2 reading [J]. *System*, 31: 283 – 297.

Papafragou, A. 2000. *Modality: Issues in the Semantics-Pragmatics Interface* [M]. Oxford: Elsevier.

Pitzl, M. 2005. Non-understanding in English as a lingua franca: Examples from a business context [J]. *Vienna English Working Papers*, 14: 50 – 71.

Potts, C. 2005. *The Logic of Conventional Implicatures* [M]. Oxford: Oxford University Press.

Pulido, D. & Hambrick, D. 2008. The virtuous circle: Modeling individual differences in L2 reading and vocabulary development [J]. *Reading in a Foreign Language: Special Issue on Reading and Vocabulary*, 2: 164 – 190.

Quaglio, P. & Biber, D. 2006. The grammar of conversation [A]. In B. Aarts & A. McMahon (Eds.). *The Handbook of English Linguistics* [C]. Oxford: Blackwell Publishing Ltd.

Quirk, R. *et al.* 1972. *A Grammar of Contemporary English* [M]. London: Longman.

Quirk, R. *et al.* 1985. *A Comprehensive Grammar of the English Language* [M]. London: Longman.

Raymond, J. 1993. I-dropping and androgyny: The authorial I in scholarly writing [J]. *College Composition and Communication*, 44: 478 – 483.

Recanati, F. 2004. *Literal Meaning* [M]. Cambridge: Cambridge University Press.

Reetzke, R., Zou, X. & N. Katsos. 2015. Communicative development in bilingually exposed Chinese children with autism spectrum disorders [J]. *Journal of Speech, Language & Hearing Research*, 58: 813 – 825.

Ren, W. & Han, Z. 2016. The representation of pragmatic knowledge in recent ELT textbooks [J]. *ELT Journal*, 70: 424 – 434.

Richards, J. C. *et al.* 1998. *Longman Dictionary of Language Teaching & Applied Linguistics* [M]. Beijing: Foreign Language Teaching and Research Press.

Roever, C. 2006. Validation of a web-based test of ESL pragmatlinguistics [J]. *Language Testing*, 23: 229 – 256.

Roever, C. 2011. Testing of second language pragmatics: Past and future [J]. *Language Testing*, 28: 463 – 481.

Rose, K. R. 2005. On the effects of instruction in second language pragmatics

［J］. *Journal of Pragmatics*, 33: 385 – 399.

Rose, K. R. & Kwai-fun, C. N. 2001. Inductive and deductive teaching of compliments and compliment responses ［A］. In K. Rose & G. Kasper (Eds.). *Pragmatics in Language Teaching* ［C］. Cambridge: Cambridge University Press.

Rott, S. 2007. The effect of frequency of input-enhancements on word learning and text comprehension ［J］. *Language Learning*, 2: 165 – 199.

Rühlemann, C. & Aijimer, K. 2015. Corpus linguistics: Laying the foundations ［A］. In Aijmer, K. & C. Rühlemann (Eds.). *Corpus Pragmatics: A Handbook* ［C］. Cambridge: Cambridge University Press.

Salsbury, T. & Bardovi-Harlig, K. 2000. Oppositional talk and the acquisition of modality in L2 English ［A］. In Swierzbin, B. *et al.* (Eds.). *Social and Cognitive Factors in Second Language Acquisition* ［C］. Somerville, MA: Cascadilla Press.

Samarin, W. 1987. Lingua franca ［A］. In Ammon, U. , Dittmar, N. & K. Mattheier (Eds.). *Sociolinguistics: An international Handbook of the Science of Language and Society* ［C］. Berlin: Walter de Gruyter.

Saylor, M. M. & Ganea, P. 2007. Infants interpret ambiguous requests for absent objects ［J］. *Development Psychology*, 43: 696 – 704.

Schachter, J. 1990. Communicative competence revisited ［A］. In B. Harley *et al.* (Eds.). *The Development of Second Language Proficiency* ［C］. Cambridge: Cambridge University Press.

Schauer, G. A. 2009. *Interlanguage Pragmatic Development: The Study Abroad Context* ［M］. London: Continuum.

Schiffrin, D. 1987. *Discourse Markers* ［M］. Cambridge: Cambridge University Press.

Schmidt, R. 1983. Interaction, acculturation and the acquisition of communicative competence ［A］. In N. Wolfson & E. Judd (Eds.). *Sociolinguistics and Second Language Acquisition* ［C］. Rowley, MA: Newbury House.

Schmidt, R. 1990. The role of consciousness in second language learning ［J］. *Applied Linguistics*, 11: 17 – 46.

Schmidt, R. 1995. Consciousness and foreign language learning: A tutorial on the role of attention and awareness in learning [A]. In R. Schmidt (Ed.). *Attention and Awareness in Foreign Language Learning* [C]. Honolulu: University of Hawai'i, Second Language Teaching and Curriculum Center.

Schourup, L. 2001. Rethinking *well* [J]. *Journal of Pragmatics*, 33: 1025 – 1060.

Scollon, R. 1994. As a matter of fact: The changing ideology of authorship and responsibility in discourse [J]. *World Englishes*, 13: 34 – 46.

Seedhouse, P. 2005. Task as a research construct [J]. *Language Learning*, 55: 533 – 570.

Seidlhofer, B. 2004. Research perspectives on teaching English as a lingua franca [J]. *Annual Review of Applied Linguistics*, 24: 209 – 239.

Sewell, A. 2013. English as a lingua franca: Ontology and ideology [J]. *ELT Journal*, 67: 3 – 10.

Skehan, P. 1998. *A Cognitive Approach to Language Learning* [M]. Oxford: Oxford University Press.

Smart, J. *et al.* 1970. Underachievers and overachievers in intermediate French [J]. *Modern Language Journal*, 54: 415 – 420.

Spencer, C. & Arbon, B. 1996. *Foundations of Writing: Developing Research and Academic Writing Skills* [M]. Lincolnwood: National Textbook Company.

Sperber, D. & Wilson, D. 1986/1995. *Relevance: Communication and Cognition* [M]. Oxford: Blackwell.

Strong, M. 1983. Social styles and second language acquisition of Spanish-speaking kindergarteners [J]. *TESOL Quarterly*, 17: 241 – 258.

Sung, C. 2014. English as a lingua franca and global identities: Perspectives from four second language learners of English in Hong Kong [J]. *Linguistics and Education*, 26: 31 – 39.

Svartvik, J. 1980. "Well" in conversation [A]. In Greenbaum, S. & J. Svartvik (Eds). *Studies in English Linguistics for Randolph Quirk* [C]. London: Longman.

Svennevig, J. 2008. Trying the easiest solution first in other-initiated repair

[J]. *Journal of Pragmatics*, 40: 333 – 348.

Taguchi, N. 2007. Development of speed and accuracy in pragmatic comprehension in English as a foreign language [J]. *TESOL Quarterly*, 42: 313 – 338.

Taguchi, N. 2008. Cognition, language contact, and development of pragmatic comprehension in a study-abroad context [J]. *Language Learning*, 2008, 58: 33 – 71.

Taguchi, N. 2009. Corpus-informed assessment of L2 comprehension of conversational implicatures [J]. *TESOL Quarterly*, 43: 738 – 749.

Taguchi, N. 2011a. Pragmatic development as a complex, dynamic process: General patterns and case histories [J]. *Modern Language Journal*, 95: 605 – 623.

Taguchi, N. 2011b. Do proficiency and study-abroad experience affect speech act production? Analysis of appropriateness, accuracy, and fluency [J]. *International Review of Applied Linguistics*, 49: 265 – 293.

Taguchi, N. 2011c. The effect of L2 proficiency and study-abroad experience in pragmatic comprehension [J]. *Language Learning*, 61: 904 – 939.

Taguchi, N. 2011d. Rater variation in the assessment of speech acts [J]. *Pragmatics*, 21: 453 – 471.

Taguchi, N. 2012. *Context, Individual Differences, and Pragmatic Competence* [M]. New York: Multilingual Matters.

Taguchi, N. 2013a. Production of routines in L2 English: Effect of proficiency and study-abroad experience [J]. *System*, 41: 109 – 121.

Taguchi, N. 2013b. Individual differences and development of speech act production [J]. *Applied Research on English Language*, 2: 1 – 16.

Takahashi, T. & Beebe, L. M. 1997. The development of pragmatic competence by Japanese learners of English [J]. *JALT Journal*, 8: 131 – 155.

Tang, R. & John, S. 1999. The 'I' in identity: Exploring writer identity in student academic writing through the first person pronoun [J]. *English for Specific Purposes*, 18: S23 – S39.

Tarone, E. & Yule, G. 1989. *Focus on the Language Learner* [M]. Oxford: Oxford University Press.

Tateyama, Y. 2001. Explicit and implicit teaching of pragmatic routines: Japanese sumimasen [A]. In Rose, K. & G. Kasper (Eds). *Pragmatics in language teaching* [C]. Cambridge: Cambridge University Press.

Tateyama, Y. *et al.* 1997. Explicit and implicit teaching of pragmatic routines [A]. In L. Bouton (Eds). *Pragmatics and Language Learning* [C]. Urbana-Champaign: University of Illinois.

Thomas, J. 1983. Cross-cultural pragmatic failure [J]. *Applied Linguistics*, 4: 91 – 112.

Thomas, J. 1995. *Meaning in Interaction: An Introduction to Pragmatics* [M]. New York: Longman.

Thombury, S. 1998. The lexical approach: A journey without maps? [J] *MET*, 7: 7 – 13.

Traugott, E. 2002. *Regularity in Semantic Change* [M]. Cambridge: Cambridge University Press.

Trillo, J. 2002. The pragmatic fossilization of discourse markers in nonnative speakers of English [J]. *Journal of Pragmatics*, 34: 769 – 784.

Trosborg, A. 1995. *Interlanguage Pragmatics: Requests, Complaints and Apologies* [M]. Berlin: Walter de Gruyter.

van Compernolle, R. A. & Kinginger, C. 2013. Promoting metacognitive development through assessment in the zone of proximal development [J]. *Language Testing Research*, 3: 282 – 302.

van Dijk, T. A. 1979. Pragmatic connectives [J]. *Journal of Pragmatics*, 3: 447 – 456.

Verschueren, J. 1999. *Understanding Pragmatics* [M]. London: Arnold.

Wang, L. 2003. *A Corpus Based Study of Discourse Marker Use in the Chinese EFL Learenrs' Spoken English* [P]. Paper presented at the 2003 International conference on Corpus Linguistics, Shanghai, CN.

Watts, R. J. 2003. *Politeness* [M]. Cambridge: Cambridge University Press.

Weinstock, M. 1971. Citation indexes [J]. *Encyclopedia of Library and Information Science*, 5: 16 – 40.

Weizman, E. 1993. Interlanguage requestive hints [A]. In Kasper, G. & S.

Blum-Kulka (Eds.). *Interlanguage Pragmatics* [C]. New York: Oxford U-niversity Press.

Williams, I. 2012. Cultural differences in academic discourse: Evidence from first-person verb use in the methods sections of medical research articles [J]. *International Journal of Applied Linguistics*, 15: 214 –239.

Wilson, D. & Sperber, D. 2004. Relevance Theory [A]. In Horn, L. R. & W. Gregory (Eds.). *The Handbook of Pragmatics* [C]. Oxford: Blackwell.

Wolfartsberger, A. 2011. ELF business/business ELF: Form and function in simultaneous speech [A]. In Archibald, A. *et al.* (Eds.). *Latest Trends in ELF Research* [C]. Newcastle upon Tyne: Cambridge Scholars Publishing.

Xu, W. , Case, R. E. & Wang, Y. 2009. Pragmatic and grammatical compe-tence, length of residence, and overall L2 proficiency [J]. *System*, 37: 205 –216.

Yoshimi, D. R. 2001. Explicit instruction and JFL learner's use of interactional discourse markers [A]. In Rose, K. R. & G. Kasper (Eds.). *Pragmatics in Language Teaching* [C]. New York: Cambridge University Press.

Yule, G. 1996. *Pragmatics* [M]. Oxford: Oxford University Press.

Zuengler, J. & Carroll, H. 2010. Reflections on the steady increase in submis-sions [J]. *The Modern Language Journal*, 94: 637 –638.